低欲望社会

人口老龄化的经济危机与破解之道

[日] 大前研一 著
郭超敏 译

机械工业出版社
China Machine Press

图书在版编目（CIP）数据

低欲望社会：人口老龄化的经济危机与破解之道／（日）大前研一著；郭超敏译. —北京：机械工业出版社，2018.6（2025.7 重印）

ISBN 978-7-111-60125-8

I. 低… II. ①大… ②郭… III. 人口老龄化 – 研究 – 日本　IV. C924.313.4

中国版本图书馆 CIP 数据核字（2018）第 107766 号

北京市版权局著作权合同登记　图字：01-2018-1081 号。

'ROUGOFUANFUKYO' WO FUKITOBASE! By Kenichi OHMAE
Copyright © 2017 Kenichi OHMAE
Photographs by Hiroshi MAGAI
Simplified Chinese Translation Copyright © 2018 by China Machine Press.
Simplified Chinese translation rights arranged with PHP Institue, Inc.through Bardon-Chinese Media Agency. This edition is authorized for sale in the Chinese mainland (excluding Hong Kong SAR, Macao SAR and Taiwan).
No part of this book may be reproduced or transmitted in any form or by any means, electronic or mechanical, including photocopying, recording or any information storage and retrieval system, without permission, in writing, from the publisher.
All rights reserved.
本书中文简体字版由 PHP Institue, Inc. 通过 Bardon-Chinese Media Agency 授权机械工业出版社在中国大陆地区（不包括香港、澳门特别行政区及台湾地区）独家出版发行。未经出版者书面许可，不得以任何方式抄袭、复制或节录本书中的任何部分。

低欲望社会：人口老龄化的经济危机与破解之道

出版发行：机械工业出版社（北京市西城区百万庄大街 22 号　邮政编码：100037）
责任编辑：岳晓月
责任校对：李秋荣
印　　刷：河北宝昌佳彩印刷有限公司
版　　次：2025 年 7 月第 1 版第 26 次印刷
开　　本：147mm×210mm　1/32
印　　张：5.5
书　　号：ISBN 978-7-111-60125-8
定　　价：59.00 元

客服电话：(010) 88361066　68326294

版权所有·侵权必究
封底无防伪标均为盗版

| 前　言 |

作为企业顾问，我一直以来大多是与领导层共事。从世界大型企业的经营人员，到马来西亚前总理马哈蒂尔那样的国家领导人，40多年来，我接触过各种各样的领导者。我发现，面对存在危机的企业，能够快速做出调整的"优秀的领导者"都有一个共同特点，那就是"只做一件事"。

在那些存在危机的组织里自然会发生很多问题，但是，如果彻底调查、分析造成组织无法顺利发展的原因时，一般情况下都会遇到一个"根本性问题"。这个根本性问题至关重要，只有把这个问题解决了，其他问题才会迎刃而解。

优秀的领导者非常清楚这一点。首先，他们会彻底查明什么是造成组织无法顺利发展的真正原因，也就是根本原因，找到之后，他们就会宣布"自己在任期间将集中精力解决这件事情，这是必须要完成的重要课题"；其次，他们会用几十年的时间来真正做些事。正是因为他们专注于一件事情，所以才能够做出成绩。

然而，那些"失败的领导者"，大多是这个也想做那个也想做，最终全都半途而废，一事无成。

企业顾问中也有这种人，他们通常在初期进行分析，找出组织的所有问题，然后想要从根源上全部解决这些问题。这种顾问就是"失败的顾问"。

假如说在一个经营不善的公司找出了30个问题，要把这些问题都解决了，显然是不可能的。若企业顾问或经营者强行解决，员工就会备感疲惫，经营反而会更加恶化。

其实这些问题中的大部分都不是造成企业发展不顺利的根本原因，它们只不过是根本原因引起的"现象"而已。表现为现象的这些问题，很轻松就能够解决，但如果没有根除引起现象产生的原因，那么问题只会改变形式重新出现在别的地方。所以，运用"对症疗法"解决问题，是无论多久都无法真正解决的。

※

说到这儿，那么日本首相安倍晋三是一位怎样的领导者呢？上任初期他获得了日本国民一边倒的支持，其担任首相的时间已经超过20世纪80年代的日本前首相中曾根康弘，成为日本第二次世界大战（以下简称"二战"）后任期第四长的首相。只看这一点的话，安倍可以称得上是优秀的领导者了，但遗憾的是，好像很难这么讲。

为了激活20多年来持续低迷的日本经济，安倍首相在这几年里都做了些什么呢？三支箭、新三支箭、地方创生、国土强韧化、一亿总活跃社会、扩大女性劳动力就业、劳动方式改革、普及同工同酬……

一会儿说"做这个吧"，一会儿又说"这次做这个"……他不断提出一些新的政策，看似一直在前进，但若一项一项仔细审视的话，就会发现其实没有一项政策取得了显著成果。由此可见，安倍首相是一位失败的领导者。

只是在其上任之初，由于日本国民对安倍经济学抱有期待，所以市场上有资金流出，看起来经济景气，但如今日本国民早已识破了"安倍经济学"这一谎言。

同样，从2016年下半年开始，日经平均股价转向上涨，这是因为日本国民对美国新任总统特朗普的经济政策抱有期待，与安倍经济学没有任何关系。所以答案显而易见，那就是"安倍经济学彻底失败了"（不过，现在看来特朗普也是一位失败的领导者，他把自己脑袋里不停冒出来的想法颁布成总统令，显然他的这些政策将会让美国和世界陷入大混乱）。

※

让我们把话题再转回到日本。安倍首相应该像那些"优秀的领导者"一样，宣称"我将全力解决经济低迷这一问题"。那么，日本经济持续低迷的根本原因到底是什么呢?那就是国民对老年生活和未来感到不安。

在日本泡沫经济破裂前的 1989 年,当时日本国民的个人金融资产是 1000 万亿日元,之后日本经济进入长期停滞时期,可以称作"失去的 25 年"。那么现在这一金额是多少呢?答案是 1700 万亿日元。一般情况下,经济处于萧条期,资产应该是减少的,但日本却出现了完全相反的情况,25 年间个人金融资产竟增加了 700 万亿日元(见图 0-1 和图 0-2)。

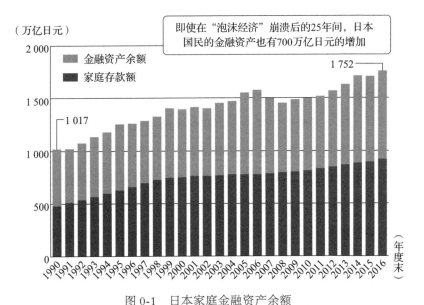

图 0-1　日本家庭金融资产余额

资料来源:日本银行《金融周期统计》2016 年数据(使用的是 2016 年 9 月末时点的数值)。

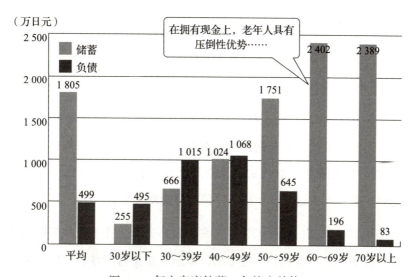

图 0-2 每户家庭储蓄、负债当前值

资料来源:《家庭调查报告(储蓄、负债篇)》2015 年详细结果表(年龄统计对象为家庭户主)

　　而且,拥有这 1700 万亿日元的大部分是 65 岁以上的老年人。他们大多有车有房,已经没有什么必须要买的东西了,所以这部分人的消费意愿本来就很难提高。

　　消费意愿不高的另一个原因是,老年人对未来感到不安。虽然政府实施了各种各样的经济政策,但完全看不到经济好转的迹象。再加上不断听到像"少子老龄化·人口减少""社会保障费用持续增加""看护人员、设施严重不足""国家债务突破 1000 万亿日元"等这类新闻,老年人认为,"政府是不能信任的。当前尚且还好,长期发展下去都不知道自己的老年生活会是什么样子",他们对自己的未来愈发感到不安。

正是因为老年人对自己的老年生活和日本的将来感到不安，所以他们即使手里有钱，也不会用于消费。

因此，老年人将年金的三成都用于储蓄，这种情况在国外是根本无法想象的。若长期这样发展下去的话，日本国民每人将抱着3500万日元离世。这就会逐渐形成一种怪象：日本国民一辈子抱着对未来的不安过活，但到了弥留之际却是个有钱人。

除了老年人，同样因为对未来感到不安、选择不花钱而存钱的还有在职人员。他们也不完全信任政府，总觉得"自己花的钱可能是向哪个国家借来的"，所以许多在职人员的思想也在转变。他们认为自己早晚有一天会变老，考虑到自己的老年生活，尽可能地不负债，要存钱的想法是正确的。

其实一些可能负债的开支就是房子、车子和孩子（教育经费）等，所以，现在的很多年轻人认为自己不需要房和车，也不愿意结婚，不想生孩子，觉得一个人的生活自在。难怪日本的少子化问题如此严重。

然而，安倍首相却完全不明白这一现实情况，还频频敦促企业为员工加薪。但事实上即使加了薪，在职人员也只会将那些钱存起来以备养老，并不会用于消费。所以，单纯依靠加薪是扭转不了经济的。只要老年人不花手里的存款，这个国家的经济状况就不会好转。提出加薪要求的不是工会而是国家首相，从这一点上就足以看出，这位国家领导人的错误有多严重了。

同样偏离重心的还有拿出安倍的标签、坚定支持安倍经济学的日本央行行长黑田东彦。黑田东彦曾承诺"要实现2%的通胀目标"，他认为通胀预期（指国民已经估计到通货膨胀要来，也就是物价要上涨）上升，消费就会增长。这种想法本身就很奇怪。

黑田行长大概认为，如果宣称"明年物价会上涨2%"，那么那些不想买房买车的年轻人就会想着"得赶紧买了"。其实这样一来，年轻人会想，"既然物价还要上涨，那干脆就别买了"，反而引起他们的控购想法。黑田行长这样想才对吧。

黑田行长的另一项代表性政策——异次元量化宽松货币政策，同样也没有取得明显成效。该政策提出后，日本央行买进400万亿日元的国债，可以说这有着极大风险。但是，我们看到的却只是"日本银行不断地向市场供应货币，而经济却没有任何好转"。

这项政策不仅没有效果，反而起了反作用，使得日本国民对未来愈发感到不安。他们怀疑："日本经济已经到了不得不做异次元事情的地步了吗？"

总之，不论是年轻人还是老年人，都对未来抱有深深的不安，所以他们尽量不花钱，而是存钱以备不时之需。国民不消费，经济就会逐渐恶化。所以，"失去的25年"换一种说法就是"对未来感到不安",或者是"对老年生活感到不安"。

※

既然不论是老年人还是年轻人,都因为对老年生活感到不安而不消费,那么反过来想,如果能够消除国民对老年生活的不安,那么国民就会安心将那些不是特别急用的钱用于消费,这样一来经济就会立刻好转。

不管怎样,日本是一个拥有1700万亿日元个人金融资产的国家,即使只拿出其中的1%投放到市场上去,也有17万亿日元,预计能够有超过GDP 3%的经济效果。所以,政府应该立刻撤回毫无成效的安倍经济学,将消除国民对老年生活的不安作为首要任务,集中力量解决这一问题。

当然,对于问题是如何产生的、该如何解决等这些问题,经济学教材里并没有讲过,而且安倍首相的经济智囊团也不知道。那么,日本国内的经济学者不知道的话,国外的经济学者又了解吗?他们同样也不知道。即使请教安倍首相经常征求意见的诺贝尔经济学奖得主保罗·克鲁格曼,或者是美国联邦储备委员会前主席本·伯南克,他们同样也提不出好的解决办法。为什么这么说呢?因为对老年生活感到不安的这种社会状况,是迄今为止哪个国家都没有发生过的情况,是一种"突出的先行案例",日本是历史上、世界上首次出现这种情况的国家。

现阶段针对这一问题提出解决办法的人应该不止我一人,但应该没有人像我一样花时间调查并深入思考这一问题。关于这个问题的研究成果，其中一部分已经编辑成《心理经济学》(讲谈社)出版。而且，相关内容在一些连载的杂志或网络媒体上已经刊登过很多次了，但遗憾的是，好像只传播到了一部分人的耳朵里。对于日本社会的根本性问题（也就是国民对老年生活感到不安），真正的解决方案却迟迟提不出来，这一情况就足以说明，还有太多的人没有认识到日本社会的根本性问题。

这样下去是不行的。我们要尽快让更多的日本国民和政治家了解这一事实，早日引起国民的议论，一定要涌现出几位敢于说"安倍政权不行的话，我来"的政治家。

正是出于这样的考虑，我将自己之前对于这一社会问题的分析及其解决办法又重新整理成书出版，就是本书。

本书第1章是发现问题篇。在这一章，先是果断判定了安倍经济学的效果，同时举例说明了日本经济持续低迷的原因在于，国民"对未来感到不安"和"对老年生活感到不安"。

第2章是解决问题篇。由于我个人常年从事咨询服务，为企业提供解决方案，所以在这一章我提出了针对这一问题的解决办法。

有一些读者会想，"我们也知道安倍经济学效果欠佳，但也没有能取代它的政策"，所以不是很想读此书。对于这些读者，我希望你一定认真读一下本书，至少你会知道有比安倍经济学更好的解决办法。

此外，我希望那些认真考虑日本未来的政治家或是政策制定者、研究者，不要仅停留在阅读的层面上，而是一定要提出自己的解决办法。若读者能从中提出高于我的解决办法的话，那最好不过了。

最后在第 3 章中我提出了一些个人如何应对"对老年生活感到不安"的具体对策。具体就是，阐明国民感到不安的根源——"紧急时刻"的实际情况。同时，为了让人们能在生命的最后一刻感慨"这一辈子过得真舒心啊"，为读者介绍了如何制订老年生活的金钱计划和生活方式计划。

政府不改变政策，"失去的 25 年"很有可能发展成"失去的 30 年、40 年"，但若是掌握了书中的这些方法，即使在目前这种情况下，每个人仍然能够安心地生活。

其实我在想，我不就是那个一直看着国家陷入恶性通货膨胀的国民吗？所以，不论国家如何变化，总有人能够顽强地活着。因此，即使日本遭遇国债暴跌、陷入恶性通货膨胀，日本国民依然能够依靠个人的力量渡过难关。这一章就讲了这个方法。

※

目前日本的国债已经增长到 1300 万亿日元。从 2017 年的预算案来看，税收收入只增长了 1000 亿日元，但是预算规模却达到了历史新高，基础财政收支^㊀的赤字幅度进一步扩大。可以说，

㊀ primary balance，是指税收收入减去公共事业和社会保障的支出得到的正数或是负数。若这一指标为正数的话，那么即使不借债，依靠税收以及其他财政收入也能够承担全部的支出。——译者注

日本经济的状况确实恶化了。

然而，安倍经济学是解决不了这种状况的。不过我们无须绝望。经济长期低迷的原因在于日本国民对未来和老年生活感到不安，所以运用本书所说的方法消除了国民对未来的不安，人们就没有了不花钱的理由。相反，国民应该会为了充实自己的人生而积极地消费。

反正这个国家拥有1700万亿日元的个人金融资产，若国民能够拿出钱消费，应该能够立刻激活日本经济。不同于那些没有原始资本的国家，日本是拥有充足原始资本的，也没有向外国借债，所有的棋子都在我们自己手中。这样一想的话，那么就是"发现了问题，就只剩下行动去解决问题了"。也许会有人怀疑，本书真的有那么神奇的效果吗？我希望诸位在怀疑之前一定认真读一下本书，你们应该会后悔没有早一点读到这本书。能说出这样的话，我还是有自信的。

| 目 录 |

前 言

发现问题篇

| 第 1 章 |

日本经济低迷的根本原因
国民对老年生活和未来感到不安

安倍经济学的"六支箭"全部脱靶	4
"异次元量化宽松货币政策"效果惨淡	6
不能再继续推行错误的政策	9
日元贬值导致日本经济无法好转	12
美国属于高欲望社会,其经济政策在低欲望社会的日本是行不通的	16
连诺贝尔经济学奖得主都无能为力的日本经济	19
日本经济持续低迷属全球首例	20
日本的核心消费人群是"单身贵族"	23

"尽可能不负债"的心理让日本年轻人逐渐"草食化"	26
30岁就开始存钱是因为对老年生活感到不安	30
"失去的25年"间，日本国民的个人金融资产增加了700万亿日元	32
日本老年人每人将抱着3500万日元离世	33
所谓的"以防万一"……	35
在永旺办一场最豪华的葬礼也不过70万日元	37
日本老年人不像意大利人那样积极消费是源于日本的战后教育	39
老年人储蓄是牵制子女的一种方式吗	42
父母对老年生活的不安感夺走了子女的"志向"	43
消除老年人对老年生活和未来的不安才是刺激经济的最佳政策	46

解决问题篇·政府

| 第2章 |

要想消除老年人对老年生活的不安感，政府应该做什么

政府应该告知老年人"关键时候由国家来照顾你们"	52
国家应该培养一批专家，专门负责消除国民对年老后资产的不安	54
国家应该教给老年人"资产生钱的方法"	56
"将老年人作为推动力的增长战略"才最适合日本	58
国家和企业的重点应该是让老年人"享受人生"	61
引进资产税和增值税，制定符合发达国家的税制	64

向国民展示解决"国家债务问题"的方法	68
重新定义疾病,控制医疗费用的支出	71
"救护车有偿使用"是必行之策	74
政府应建立一个机制,让富裕的老年人为了下一代人贡献出自己的资产	78
政府应该修改年金制度,允许国民放弃年金	80
给予国民自由处置财产的权利	82
没有钱就出力,为国家削减支出	85
老年人齐心协力,国家的债务就能还清	86
用零基预算对人员进行重新配置	88
世界各国普遍认为老年人应由国家赡养	90
接收移民护理人员	92
在外国建造养老设施	95
日本需执行绿卡制度	97
提高出生率困难重重	100
一个"天才"可以带动整个地区的发展	102
日本人生来自带改变现状的基因	104
政府每年应将800多亿日元"休眠存款"中的10%用于支持年轻人创业	108
提高容积率是不花费税收的最佳经济刺激政策	110

解决问题篇·个人

| 第 3 章 |

按照此方法,即使经济衰退,国民作为个体也能够安然生活

之所以老年人对老年资产感到不安,是因为没有制作资产负债表　　118

从四五十岁就开始学习投资理财　　121

与其投资股票,不如做风险投资来支持年轻创业家　　125

自己掌握"再生钱的技能"　　127

上班族在公司外赚钱的方法　　130

通过发展民宿赚钱　　132

在公司外学习赚钱的技能,在公司内也会受益　　137

想做的事情现在就去做,不要等到退休后　　140

如何度过四五十岁将决定老年生活充实与否　　143

将你的兴趣打造为"4 个类别 ×5 个兴趣 = 20 个兴趣"的模式　　145

如何应对恶性通货膨胀(一)　　148

如何应对恶性通货膨胀(二)　　150

后记　　153

发现问题篇

| 第 1 章 |

日本经济低迷的根本原因

国民对老年生活和未来感到不安

面对史无前例的"低欲望社会",
20世纪的经济政策已不再适用

安倍经济学的"六支箭"全部脱靶

2016年12月5日,安倍首相的在任天数累计达到1807天(含2006～2007年首次执政),超越中曾根康弘升至"二战"后历任首相的第四位。

现行自民党党则规定,总裁任期最多"两届6年",但2016年11月,日本自民党召开总务会已批准将总裁任期延长为"三届9年"。所以,到2017年5月末,安倍首相的在任天数将超过前首相小泉纯一郎的1980天,成为日本"二战"后任期第三长的首相。

如果安倍能在下一届自民党总裁选举中再次当选,那么其在任天数将超过佐藤荣作的2798天,很有可能升至"二战"后任期第一长的首相。

包括战前时期在内,历代任期最长的是明治时期的桂太郎首相，在任天数 2886 天。安倍若能够任满三届 9 年，那么他也将刷新战前纪录，成为历代任期最长的首相。

仅从在任天数来看，安倍晋三好像能称得上是平成时代的名首相。但是其政策本身怎么样呢？他真的做了名首相该做的事了吗？

有一句话叫作"一届内阁一件事"。例如，前首相中曾根康弘在其任职期间，解决了"国有铁路民营化"这一历史遗留的大问题。然而，安倍首相如何呢？至少在现阶段，他作为首相，业绩里面没有一项是值得肯定的。

大约是在他刚上任的时候，安倍推动《国民投票法》顺利通过，开启了他的修宪之路。但是，由于国民对自民党的宪法草案并不支持，所以如此重要的修宪讨论一直被束之高阁。

这个问题不重要，重要的是他的经济政策。安倍首相在上任之初为了重振日本经济，提出了三大政策，即"三支箭"，分别是"大胆的金融政策""灵活的财政政策""刺激民间投资为中心的经济增长战略"。紧接着为了迈向"一亿总活跃社会",安倍首相又提出了"新三支箭"——"孕育希望的强大经济""构筑梦想的育儿支援""安心的社会保障"。虽说气势上很强大,但在重振日本经济这一问题上,可以说这几支箭一支都没命中。

也就是说,安倍经济学的"六支箭"全部脱靶。虽然如此,但安倍首相直到现在依然想推行他的安倍经济学。

然而,当初因为害怕受到安倍首相攻击的大众媒体也开始发表一些批判性文章。例如,《日本经济新闻》在2016年12月23日刊登的《缺乏结构性改革的预算案,安倍经济学已露出破绽》一文,直批安倍经济学。可以看出,安倍经济学已经从根源上开始瓦解了。

第二次安倍政权成立后不久,日经指数确实曾急速上涨。那是因为国民看到政权由民主党转向自民党,期待着政府推出一些有效的经济政策,股价才暂时性上涨而已,并非是安倍经济学的效果。

"异次元量化宽松货币政策"效果惨淡

安倍首相若真想重振日本经济,就应该痛快地承认安倍经济学已经失败,认真反省。

2012年12月,第二次安倍内阁正式成立,安倍首相推出了其经济政策的支柱，即"安倍经济学三支箭"。让我们来看一下这三支箭的效果（关于安倍经济学的失误，我在很多场合都说过，已经了解这一部分的读者可以略过）。

首先让我们来看第一支箭——由安倍与日本央行行长黑田东彦共同提出的"大胆的金融政策"。

为了摆脱通货紧缩，黑田东彦提出"两年内实现2%的通胀目标"。随后为实现这一目标，日本央行开始疯狂地从金融机构购入国债，为市场提供资金，甚至在2016年1月宣布实行"负利率"。日本央行为达成2%的通胀目标，甚至不惜采用这种危险的做法，但是效果却很惨淡。

当初黑田东彦宣称将在就任的两年后，也就是2015财年内实现2%的通胀目标，但不知不觉中日本央行将实现2%通胀目标的时间推迟至2016财年上半年，之后又推迟至2016财年下半年、2017财年上半年、2017财年内……可能黑田东彦也知道按计划实现不了，此次又把2%通胀目标的实现时间推迟至2018财年前后。

但是，黑田东彦的任期将在2018年4月结束。作为共同推出大胆的金融政策的"安倍黑田"组合中的一员，黑田东彦最终会因无法在任期内完成目标而举白旗。

另一方面，日本央行买入的国债总额高达 400 万亿日元，约占日本 GDP 的八成。一旦日本国债暴跌，大量持有国债的日本央行才是最危险的。可以说，日本央行已经驶入危险水域。而且，对于这一大胆的金融政策，美国总统特朗普斥责日本是汇率操纵国。

那么第二支箭——"灵活的财政政策"，其成效又如何呢？同样没有任何成效，只是增加了公共事业而已。由于日本政府扩大国债发行从而导致国家财政恶化，而且由于公共事业项目增加，引发了劳动力不足以及建筑材料费高涨等一系列问题。

我的一位友人是建筑公司的社长，据他说，自从安倍执政后，劳动力成本和建筑材料费等前所未有地上涨，所以这一部分的预算自然也就增多了，然而这些高额预算却顺利通过了。像公共事业领域，一旦接手了项目，无论预算超标多少，委托人都得开工。综上所述，所谓"灵活的财政政策"也不过是徒有其名，而事实上只是缓慢推进的财政支出项目。

第三支箭——"刺激民间投资为中心的经济增长战略"，也是没有任何显著成效。

2015 年，日本政府通过了经济财政运营基本方针，旨在发展经济，实现财政健全化，具体政策为以下几项：

- 对地方机场进行调整，对于提前预约的公务机，允许其短暂停留；
- 为外国留学生提供在日就职帮助；
- 推进农业的"六次产业化"；
- 通过扩大访日外国人在日本购物时的消费税免税制度，振兴日本的旅游购物业；
- 通过发展IT行业及机器人产业，推动产业结构改革。

可以看出，以上几项政策都是一些想让各省各厅都受益的抽象政策，这之中没有一项能够称得上是成功的政策。此外，从一开始就被安倍首相当作核心政策的"地方创生"和"扩大女性劳动力就业"这两项政策，也都只是徒有虚名，对经济增长没有任何贡献。

不能再继续推行错误的政策

2015年10月，安倍首相进行了内阁改组，同时安倍经济学也步入第二阶段，安倍首相又提出了"新三支箭"——"孕育希望的强大经济""构筑梦想的育儿支援""安心的社会保障"。让我们看看"新三支箭"的具体情况。

第一支箭的目标——到 2020 财年名义 GDP 提升至 600 万亿日元；第二支箭的目标——2025 年前后实现希望出生率，即合计特殊出生率达到 1.8；第三支箭的目标——到 21 世纪 20 年代初"实现护理人员零离职"的目标。这一次安倍倒是提出了具体的数值目标，但是每个目标实现的可能性都很小。

首先，第一支箭——到 2020 年名义 GDP 提升至 600 万亿日元。如果每年的名义 GDP 增长率达到 3% 的话，这一目标或许还有可能实现，但实际上日本的名义 GDP 增长率仅为 1% 左右，可见，几乎没有可能在 5 年内实现这一目标。想必安倍政权也十分清楚这一情况，所以日本政府公布 2016 年 7～9 月的潜在增长率时，宣布将采用新的 GDP 计算方法。说白了，这就是一种为了达成目标数值而修改计算方法的作弊行为。

其次，若是日本真想实现 1.8 的希望出生率，就应该像法国那样，实施优厚的育儿鼓励政策。但这需要政府拿出 GDP 的 3% 来支持，然而安倍的计划里根本没有此项考虑。

同样，要想实现护理人员零离职的目标，接下来就必须大量建设养老设施。然而，到那时又如何确保资金来源和工作人员呢？

由此可见，安倍经济学的一系列经济政策全都进展不顺，没有取得显著成效。

虽然如此，安倍首相仍在 2016 年的参议院选举中大喊口号"朝着这条路继续奋力前进"，慷慨激昂地宣称要继续推行安倍经济学，以实现"一亿总活跃社会"的目标。

然而，在日本政府或是自民党党内人士中，没有一位阁僚或是政治家能够站出来当面告诉安倍，若继续推行错误的政策，日本经济是不会好转的。

安倍首相虽然不擅长搞经济，但在设计宣传口号方面却很擅长，比如安倍的"继续奋力前进！"这句口号。即使这句话毫无实质性内容，但仅凭这一语感，大多数的日本国民就会很自然地认为"对啊，确实如此"。尤其在选举的时候抛出这句话，国民就会觉得"除了继续前进，好像确实也没有别的选择"，所以大家就会继续沿着原来的方向前进。而当在野党提出反对意见的时候，安倍政权只能反击"住嘴""又要回到原点了"。不得不说，这种做法是很难得到国民支持的。

看似拥有"男子汉气概"的国家领导人指明一个方向，国民只要朝着那个方向行动就行。这种现象已成为如今的世界趋势，从菲律宾和美国就能看出这一点。而且，本来日本国民就有一种特性，那就是一旦形成了一种"要沿着这个方向走"的氛围，那些原本不那么认为的人也会不明缘由地转为赞成。

1937年，日军挑起"卢沟桥事变"就是如此。当时没有一个人站出来指出这是错误的决定，应立刻停止这种行为，所以日本才不断膨胀，继而引发"抗日战争"和"太平洋战争"。然而战争结束后，却有人站出来说，"那次战争就是鲁莽的行为，我们已经想到自己会输了"。这就是日本国民的特性。

因此，对于安倍经济学，本来媒体应该大胆指出"这个方向是错误的，再沿着这条路走下去，日本经济是无法好转的"，但或许是因为害怕被安倍首相盯上，直到现在也没有一家媒体敢站出来指出这一错误，真是丢人。

日元贬值导致日本经济无法好转

之所以安倍经济学的所有政策都没有显著成效，是因为日本政府对现实有着错误的认识。

例如，安倍首相说，"通过实施安倍经济学来推动日元贬值，那么那些迁至境外的制造业就会迁回日本"。显然这是绝对不可能的。因为即使这些制造业迁回日本，在日本也早已没有在工厂工作的工人了。

日本拥有大量劳动力的时期是20世纪70年代经济高度增长的时期，距现在也有40多年了。确实，在那个年代，由于从地方中学毕业的年轻人纷纷涌向大城市求职，所以只要是首都圈的工厂，劳动力都很充足。但一进入20世纪70年代，地方的初中毕业生集体涌向东京就业的景象渐渐成为过去式，位于城市周边的制造业为了招到工人，开始向东北等地的农村地区迁移。

现在，由于日本的少子化现象日趋严重，再加上大学升学率的提高，如今即使在地方也很少有初中毕业的工人了，而那些到了二十二三岁还连一根铅笔都没削过的大学毕业生，并不适合工厂的生产工作。如今的大学毕业生都是趋于充分就业的状态，所以谁也不想专门去工厂工作。

因此，劳动密集型工厂只有设在泰国、中国等新兴市场国家才能确保充足的劳动力。当然这种现象并非只出现在日本，蓝领阶层不足是所有发达国家都普遍存在的问题。如果日本想招募成百上千的工厂工人的话，就只能像德国那样依靠外来移民了。

我曾经参观过位于德国汉诺威的一个轮胎工厂，在那里，除了厂长，剩下的工人几乎都是外来移民。德国的失业率只有4%（欧洲标准：欧盟统计局），失业率能够如此之低也是必然的。

所以，日本要想拥有充足的劳动力，政府就必须接受移民，引进100万人左右的外国劳动者。但是，安倍政权却不接受移民，这样下去肯定无法实现拥有数百人甚至数千人的工厂劳动力。

同样，日元贬值有利于企业出口也是谎言。长期以来，美国不停地发起贸易战且诱使日元升值，导致日本尝尽苦头。基于这样的经验，为了尽可能不受汇率变动的影响，如今日本几乎所有的出口型企业都将生产地、经营地设在日元、美元以及东南亚等多种货币的国家，那里采取对汇率变动持中立状态的"中性货币政策"。

无论是1美元兑换70日元还是120日元，这些企业都能幸存下来，而那些主张"日元必须要贬值"的企业早就破产了。或许有人会说："经团联（经济团体联合会）不是鼓励日元贬值吗？"然而，那群人是因日元升值而饱受痛苦的一个老年人群体。

同样，被安倍首相当作经济支柱的"国土强韧化规划""灾后重建""建设磁悬浮中央新干线"等政策，也没有什么大的效果，只是给承包工程的土木建筑业带来了一些微薄利润而已。由于日本是一个成熟的发达国家，所以通过增加公共事业建设带来的经济效果一定是微乎其微的。

对于建设磁悬浮中央新干线这项政策，由于日本东海旅客铁道株式会社（简称"JR东海"）称要用自己的资金来修建，所以这项政策并没有引起国民的争论。若这条新干线开通，从东京（品川）到名古屋只需要40分钟，但区间内90%的地段均需建设隧道。JR东海应该对这项工程重新做一个基本评估，估算线路开通后一定会乘坐的人能有多少，算上公司要缴纳的税款，这项工程是否能产生利润。

同样，国土强韧化规划也毫无意义。即使政府整修了高速公路，通车数量还是一样的，所以国土强韧化规划并不能算是经济政策。而灾后重建也是不得不做的事，并不是一项有乘数效应⊖的财政支出项目。

由此可见，安倍经济学的一系列经济政策是多么肤浅。若日本政府继续推行错误的政策，日本经济绝对不可能好转。

美国属于高欲望社会，其经济政策在低欲望社会的日本是行不通的

在安倍首相的经济智囊团成员里有内阁官房参事、美国耶鲁大学名誉教授滨田宏一，明治学院大学客座教授本田悦朗（2016年6月辞去内阁官房参事职务，现任日本驻瑞士大使）等人。安倍首相拥有如此强大的智囊团，为什么就不明白美国的经济政策并不适用于日本这一道理呢。

其实问题出在智囊团身上。这些智囊团成员都是将美国经济学引入日本的先行者，他们直到现在还坚信自己年轻时在美

⊖ 乘数效应（multiplier effect）是一种宏观的经济效应，也是一种宏观经济控制手段，是指经济活动中某一变量的增减所引起的经济总量变化的连锁反应程度。其类型主要有三种：财政支出乘数效应、税收乘数效应和平衡预算乘数效应。乘数效应包括正反两个方面：当政府投资或公共支出扩大、税收减少时，对国民收入有加倍扩大的作用，从而产生宏观经济的扩张效应（上文中涉及的是这一方面）；当政府投资或公共支出削减、税收增加时，对国民收入有加倍收缩的作用，从而产生宏观经济的紧缩效应。——译者注

国所学的金融政策、财政刺激政策等20世纪的宏观经济政策会完全适用于现在的日本。

很显然，如今的日本与当时美国的情况完全不一样。被滨田宏一和本田悦朗奉为圣经的经济学，其前提是"国民拥有强烈的欲望"。

如今的美国仍然是这种状态。只要利率稍微下降，国民就想着要买车、买房、买家电等。很多人职位一到课长、部长级别，即使自己已经有了房子，也还是会很自然地考虑在南方比较暖和的地方再买一套，以便退休后居住。

由此可见，美国社会就是由一群有着旺盛欲望的人们构成的。所以，在美国，只要向市场投放大量资金，或者降低利率，经济就会马上好转。不可否认这一逻辑在美国是成立的。

想确认美国属于高欲望社会，去看一下美国的单身派对和单身酒吧就会了解。在美国，每到周末到处都是单身男女聚集的单身派对。城市里还有单身酒吧，这些地方都已成为单身男女约会的场所。当然日本也有这样的俱乐部和酒吧，比如位于东京港区的麻布和六本木等街区，不过这些地方的目标消费人群多是年轻人。美国就不是这样，在美国，各个年龄层的人都能找到适合他们的聚会和酒吧。

我有一位美国朋友，虽然已经60多岁了，但每到周末他就西装革履地前往单身酒吧，自己坐在吧台喝酒，并和周围差不多岁数的女性搭讪"下周一起吃饭怎么样"，简直就是开启了第二次青春。看到这种情景，总觉得是特朗普这些人支持的。

美国人之所以过了60岁还能够开心地出入单身酒吧，是因为不论男女，他们都有着旺盛的欲望，都想着再好好享受一下人生。

然而，60岁的日本人都在干什么呢？在公寓里狭窄的阳台上养着兰花，牵着比猫还小的狗在家附近散步，这些朴素的兴趣就能让日本国民非常满足。对于这样一群低欲望的人，很难想象他们会穿着好看的衣服，化着精致的妆容，兴冲冲地去单身酒吧。

不过，在日本，低欲望的不仅仅是老年人，年轻人也是一样。如今的日本年轻人既不想买房买车，也不想结婚生子，从30岁开始就为老年生活做打算，不停地存钱。关于日本年轻人的低欲望这一问题我将在后文中详细阐述。

提到买房这一问题，日本有国民长期固定利率型的房屋贷款"Flat 35"，可以说是相当优惠的一项政策。然而，即使利率低于1%，想要贷款买房的日本国民也相当少。若是国外有这种优惠的房屋贷款类型，一定会有很多人贷款买房。

所以，现在的日本已经步入国民失去消费欲望的"低欲望社会"。国民的低欲望才是日本社会最大的特征，是日本经济低迷的元凶。因此，将美国那种高欲望社会的经济对策用在日本这种低欲望国家，一定不会有成效。

连诺贝尔经济学奖得主都无能为力的日本经济

在2016年7月的参议院选举之前，安倍首相特意从美国将诺贝尔经济学奖得主保罗·克鲁格曼邀请至日本，想要让保罗·克鲁格曼来证明其一系列经济政策的正确性。在我看来这一行为毫无意义。

虽然保罗·克鲁格曼是诺贝尔经济学奖得主，但是他一直都在研究高欲望社会，而对日本这样的低欲望社会并没有深刻的了解。

事实上，保罗·克鲁格曼在提议实施"异次元货币宽松政策"的时候，在美国《纽约时报》（2015年10月12日刊）上发表了一篇名为《反思日本》的评论。文章中提到，"虽然日本也实施量化宽松政策，却没有达到预期的效果，其根本原因在于日本的内需不高"。可以说，保罗·克鲁格曼的这篇评论是在宣布日本的"异次元量化宽松货币政策"以失败告终。

想必保罗·克鲁格曼想说的是："明明向市场大量投放了资金，为什么物价不上涨、消费也不增长呢？真是搞不懂日本的经济状况。"

日本经济持续低迷属全球首例

安倍首相在参议院选举获胜后，就马上将正在日本访问的美国联邦储备委员会前主席本·伯南克请到官邸，双方就经济金融政策进行了讨论。我认为这一行为同样毫无意义。

伯南克一直支持"直升机撒钱"⊖政策，他认为若能够扩大

⊖ 直升机撒钱，这一概念最早是由著名经济学家米尔顿·弗里德曼在1969年提出的，指政府或央行提供大量货币供应的政策，就好像有人拿着大把的钞票坐在直升机上撒钱一样。这是一种为财政赤字进行货币融资的方式，央行在实行零利率或近似零利率的政策后，通过购买国债等中长期债券来增加基础货币的供给，进而向市场注入大量的流动性资金，以此鼓励开支和借贷。——译者注

就业，完全可以考虑"直升机撒钱"，伯南克也因此被人们戏称为"直升机本"。不愧是美国联邦储备委员会前主席，说话都这么潇洒。不过在伯南克还是学者的时候，就因经常口出"狂言"而闻名，例如，之前他说过"只要削平落基山脉就能达到经济效果"这一言论。

要削平落基山脉，就得开始一项大工程，那么就会需要大量劳动力。在这个意义上，削平落基山脉确实能带来一定的经济效果。但是他的这些想法是否能够刺激日本经济就另当别论了。

2016年的夏天，我开着摩托车在北海道跑了2000公里，所到之处都能看到"直升机撒钱"政策的"影子"。

从稚内到猿涧湖途中有一条靠海岸的路，我开着摩托车走了半天，沿途都没看到一个信号灯。因为几乎没有行人和车辆，所以不需要设置信号灯，但是道路却整修得干净整洁。这简直就是"直升机撒钱"政策的"功劳"。

然而，日本的地方经济却没有因为这些工程而好转。安倍首相若是真的接受伯南克的建议采取"直升机撒钱"策略，应该也看到这样的结果。

若政府实施"直升机撒钱"，撒的钱是多余的钱还好，但是在日本实施"撒钱"，本金就全部得从下一代那里借。

然而，15年后或20年后的下一代日本国民，会心甘情愿地借出这些钱吗？无论什么年代，缴纳税款的一方永远都是在职一代。从日本的人口动态来看，今后在职一代的人口将不断减少。所以，未来的日本将面临即使下一代想借这笔钱也拿不出来的窘境。

这种将负债推给下一代的经济政策，作为政治家，从道德层面上讲也绝对不能这么做。所以从这一角度上讲，"直升机撒钱"政策也不是一项好的经济政策。

不仅仅是保罗·克鲁格曼和本·伯南克，恐怕全球没有哪个经济学家能够痛快地给出日本经济持续低迷的处方。为什么这么说呢？我认为日本近年来已经步入"低欲望社会"，迄今为止，全球没有哪个国家发生过这种情况，日本是全球首例。虽然近年来意大利、德国等一些欧洲国家也开始出现类似的情况，不过日本是最早进入低欲望社会的国家，是"突出的先行案例"。

而最了解日本状况的肯定是日本的经济学家，所以日本的经济学家应该彻底调查分析日本的现状，并提出有效的解决方案，那才是真正的诺贝尔经济学奖。而对于美国学者的说法，只要引进、解读一下就好，没有必要完全照搬美国的做法。

日本的核心消费人群是"单身贵族"

安倍首相将经济当作最优先课题放在弓弦上，并相继放出几支箭，但日本的经济却丝毫没有好转。这是因为安倍经济学仍然在沿用20世纪的经济政策，想通过利率和货币发行量来调控经济，完全无视日本的现状。

若是日本的经济学家仔细调查并分析一下日本现在发生的现象，就会立刻明白，如今的日本经济问题是20世纪的经济政策解决不了的。所以，归根到底还是因为日本的政治家、经济学家对微观经济，也就是说对现在的消费者心理和实际情况的研究不足。

据日本2016年国情调查结果显示，日本一共有5184万户家庭，其中独自成家的户数有1679万，占比32.4%，而夫妇与孩子共同组建家庭的户数是1444万，占比27.9%，显然独自成家的家庭已经占了大部分。以2016年为节点,日本一个人生活的家庭比例达到史上最高值。而且这是每一代人都会发生的现象,其主要原因是不结婚、晚婚的人越来越多,还有离婚和另一半去世的家庭也在增加。

之前"适婚年龄"这个词经常听到,但是现在越来越多的年轻人认为,和异性相处很麻烦,而且结婚又费钱,不用特意去办也无所谓。此外,越来越多的女性不希望自己因为怀孕而中断职业生涯,这也是未婚、晚婚人群比例增加的一个原因。

据日本政府通过的2015年版《少子化社会对策白皮书》数据显示,截至2013年,日本国民平均首次结婚年龄,男性为30.9岁(比前年推迟了0.1岁),女性为29.3岁(比前年推迟了0.1岁),显然日本的晚婚趋势在逐年加剧。而1980年的日本国民平均首次结婚年龄,男性为27.8岁,女性为25.2岁。短短30年,日本国民平均初婚年龄,男性和女性分别推迟了3.1岁和4.1岁。

此外,最近在中老年人中还有一个比较明显的变化,那就是选择离婚独自生活的人越来越多。其中有很多女性认为,一直以来自己在家里都像保姆一样任劳任怨,所以面对退休后没有工资的丈夫,她们会认真考虑后提出离婚。她们想着与丈夫分完存款、退休金、年金后赶紧离婚,然后再享受一次单身生活。对于那些没走到离婚那一步的女性，她们最后也还是会独自生活的，因为日本女性的平均寿命普遍高于男性。

如今，日本 NHK 的主播在播节目的时候还是习惯性地说"电视机前的全国家庭们"。然而，事实上他们以为的那种以家庭为单位观看电视节目的方式早已不是主流，取而代之的是一个人看电视。而且即使是一个大家庭，大家也不是都看同一个节目，每个人都随意看自己想看的节目。如今的电视节目已经不是一大家人聚在一起看了。

说到这儿，最近好像连美食节目也不像以前那样教观众做四人份、五人份了，而是在做四人份料理的时候，将四人份改说成"四次量"。

越来越多的人独自成立家庭，这种现象带来的影响还体现在各种地方。其中受影响最大的就是家庭餐馆。本来家庭餐馆是每到周末专供一家人轻松用餐的餐馆，可如今全家人一起用餐的情况显著减少，所以现在很多店铺也逐渐改为接待团体顾客。即使想呼吁大家庭前来用餐，也早已没有大家庭了，所以店铺为了生存不得不调整方向。

GMS（大型综合超市）冷清的原因也在于此。一般这种商店都是一些家里有三四个孩子的家庭开车前往，若是这些家庭不把汽车后备厢装满，这种百货商店就很难生存。

如今的日本，即使是一起生活的大家庭或夫妇，购物也都是单独出行，这种现象已经十分常见。

因此，如今日本的核心消费人群是"单身贵族"，但是以单身人群为目标消费者的市场却没有打开。例如，超市、餐厅或居酒屋，这些地方到现在还是以两人以上到店为前提来备餐、陈列店内桌椅和摆设等，因为这些地方都将消费者定位在亲子、夫妇、情侣或是朋友。因此，单身人士吃晚饭的时候，就会选择在便利店或是商场的地下菜市场买一份便当，然后回家边看电视边吃，或者在附近的牛肉饭小店或定食店，一边玩着手机，一边默默地往嘴里扒饭。单身人群的选择只有这几个地方，也真是寂寞。

不过最近倒是出现了一种专供单人用的卡拉OK。可见单身人群的消费市场还有很多有待开发的领域。

"尽可能不负债"的心理让日本年轻人逐渐"草食化"

一系列措施都无法刺激到日本经济，其最大的原因在于日本国民没有消费的欲望。日本已经进入了人类历史上史无前例的低欲望社会。

低欲望化最明显的人群是年轻人,他们本应该是最有消费欲望的消费核心人群。这些年轻人的低欲望可以总结为三个关键词:Mild Yankee、AEONIST 和 LaLaporter。

第一个关键词是"Mild Yankee",是指那些社交活动半径仅为从自己家向外五公里以内的日本年轻人,他们成年后的朋友依然是自己初中和高中时期的朋友。

第二个关键词是"AEONIST",即"永旺人",指那些几乎生活在永旺商城(AEON)⊖里的年轻人。因为永旺商城里有 ABC-MART、优衣库、NITORI 等专卖店,在这里年轻人花一半的收入就能买齐所有生活必需品。而且,他们不仅仅在这里购物,就连与老友叙旧也选择在永旺商城里的咖啡厅或居酒屋。此外,永旺商城里还有各种补习班,还能提供结婚场地或是新婚旅行筹划等服务。永旺并不只是年轻人的天地,因为场地费

⊖ AEON,即日本永旺株式会社,是日本一家大型零售公司,此处指其购物中心"永旺商城"。——译者注

用低，最近很多人连葬礼都在那里办。

第三个关键词是"LaLaporter"，是指那些生活完全围绕三井购物广场 LaLaport⊖展开的人们。"LaLaporter"自认为比"永旺人"更高级，所以会有一种优越感。而事实上，他们日复一日的生活都在一个地方就完成了，在这一点上他们两者并没有大的差别。日本时尚周刊 *WWD JAPAN* 在 2014 年 5 月 19 日发行的"SC 新时代"特刊上详细介绍了这两类人，引起了国民的广泛讨论。

我们那个时代，正如小田实的游记《什么都去看一看》（讲谈社，1961 年出版）中记述的那样，年轻人背着一个旅行包游历世界、开阔眼界是理所应当的事情。当时，在日本的北海道一带还有很多年轻人经常背着像蟹壳形状的登山包到各处游历，因而被称为"螃蟹一族"。然而，现在的年轻人已经全然没有那种精神了。

此外，在那个年代，像松下幸之助、本田宗一郎、盛田昭夫等这些勇敢走向世界并取得成功的经营者，是所有人都崇拜的成功者。

现在的日本，像软银集团创始人孙正义、优衣库创始人柳井正等成功人士都应该是年轻人崇拜的对象，然而日本

⊖ LaLaport 是日本规模最大的购物中心。——译者注

的年轻人好像并不这么认为。在他们眼里，这些成功人士都是异类，与自己本来就不是一个世界的人。日本年轻人从一开始就画好一条线将自己与这些成功人士分隔开来，"不越雷池一步"。可以看出，几十年间日本年轻人的基因完全变了。

我经常与那些二三十岁的商务人士聊天，发现他们大部分都觉得自己不需要车，也不想买房，不想结婚。我认为这些想法的背后是一种"尽可能不负债"的心理。

我们年轻的时候比现在的年轻一代要穷得多。我记得在结婚时，我的工资还不到 6 万日元，即便那样，我们也没有因为没钱而选择不结婚。我记得在盖房子时，住房贷款的利率超过了 5%，所以还完全部贷款后，算下来利息比本金还要多得多。即便如此，那个年代的我们觉得能够成为一个国家、一个城市的主人是很高兴的事情，即使上班需要一个多小时也不嫌麻烦。在那个年代，可以说负债并不是亏损，反而是努力生存下去的动力。

未来是不确定的,这一点不论过去还是现在都没有改变。但是,我们那代人即使贷款借钱也要买车买房,而现在的年轻人不会为了买车买房负债,认为努力攒钱才是明智的选择。

现在的日本年轻人,永旺或 LaLaport 这样的购物商场以及周边狭窄的生活圈就能满足他们。他们成年后也不离开故乡,既不买房买车,也不结婚。一群欲望如此衰退的人们,纵观全球也就只有日本才有了。可以说,这是人类社会进入资本主义社会以来首次出现这种状况。国民对汇率变动、货币供应量没有任何反应,其实也是理所当然的。

30岁就开始存钱是因为对老年生活感到不安

那么为什么年轻人不积极地消费呢?显然是因为他们对未来和自己的老年生活感到不安。换言之,就是完全不信任日本政府。若是日本政府能够让他们足够信任,他们自然就会想着充实自己的生活,然后去消费。

瑞典就是一个很好的例子。瑞典国民根本不必担心自己年老后会被国家视为麻烦,所以大家都不存钱,也不买保险,赚来的钱全都毫无顾虑地用来享受生活。意大利的国民也是如此,因为他们不用担心自己的老年生活,所以想着要在去世前把钱花光，干脆就经常休假旅游。

然而，日本国民从30岁左右就开始存钱，即使存款已经足够买车买房，也还是要将一部分钱用于储蓄，以备自己老年生活。我还真没听说过有哪个国家的国民从30岁就开始担心老年生活并积极存钱，而现在的日本就是这样一个奇怪的国家。

然而，安倍首相在参加日本劳动组合总联合会举行的集会时，提出让企业给员工加薪，真是让人目瞪口呆。

对于现在的日本，即使企业勉强给员工加薪，由于国民普遍对老年生活和未来感到不安，他们只会把那部分钱用于储蓄，而不是消费，日本经济是不会因此而好转的。显然安倍首相并没有认识到这一事实。

本来日本的经济学家应该大胆提出，即使企业给员工加薪，日本GDP也不可能达到预期的增长。但是我们完全听不到这样的声音，这是因为整个日本都没有谦虚地直视日本的现状。

日本劳动者的工资不涨，是因为在工资水平低的中国和越南，当地的劳动者做着和日本劳动者同样的劳动。然而，日本政府对"同工同酬"没有明确定义，却将这一定义不明确的政策作为经济政策的核心。可以说，在第三世界国家从事同样劳动的人们阻碍了日本劳动力的工资上涨。在无边界经济时代，想要只提高日本国内工资水平来刺激经济，这种想法本来就不正确。

20世纪80年代日元大幅度升值，当时许多日本企业纷纷将工厂迁至海外，或者提高生产率或是进行改革创新，并采取了一系列根本措施，最终渡过难关。而日本现在的政治家和经济学者，连日本企业一直以来遵循的道路方向都不知道。

"失去的25年"间，日本国民的个人金融资产增加了700万亿日元

在日本，不花钱的不仅是在职一代，还有老年人。日本的老年人明明有钱，却一直攥在手里不愿消费。

日本经济持续低迷已经超过25年了。一般在这种经济环境下，国民为了维持基本生活是会取出存款用于消费，所以这25年来日本国民的个人金融资产应该是减少的。然而在这25年间，日本国民的个人金融资产从1000万亿日元（1990年年末）增至1700万亿日元，足足增加了700万亿日元。这正是因为老

年人一直存钱导致的。

最近的日本电视节目、报纸和杂志经常报道一些贫困"底层老人"的情况,所以有很多日本国民认为老年人基本上都很贫困。这都是那些过度渲染"老年贫困"的媒体惹的祸。

事实上,日本老年人中真正不能生活的贫困老人比例只有不到 1%。而我们会觉得贫困老人数量不断上升,主要是因为老年人这一群体的基数变大了。当然,并不是说贫困老人的比例不到 1% 就放任不管了,相反,国家应该马上对这部分老年人进行生活救助。

我们在探讨老年人经济状况时必须要考虑平均值。若是将位于正态分布曲线一端的群体当作这代人中的主要群体来分析问题的话,就会看错事情的本质。

日本老年人每人将抱着 3500 万日元离世

那么,日本老年人的平均经济状况如何呢?我在调查这一问题时有意外的发现。

据一家银行的负责人称,在他们银行的年金账户中,完全没有动用过年金的账户占三成多。而且据统计,将年金取出来的人也绝不会把所有的钱都用于消费,平均有三成会再储蓄起来的。

也就是说,在日本老年人当中,有一部分属于贫困老年人,但很明显还有一部分老年人持有许多年金,而且据统计后者占绝大多数。媒体与其过度渲染少数"底层老人"的惨状,不如把焦点放在这一事实上。

此外,我们应该更加关注的是"日本老年人在去世时是个有钱人"这一事实。日本的老年人普遍将每月汇入年金账户里的三成资金用来储蓄,自己却过着简朴的生活,几乎不花钱。这种现象导致的结果就是,等到临终时,日本的老年人平均每人拥有3500万日元的金融资产。

为了安享晚年而努力存钱,但等到老了以后又不花钱,存款不仅全都剩下了,还多了不少,然而人却去世了。这种情况在其他国家是根本无法想象的事。我的一位外国友人曾对我说:"忍着自己想做的事情,一辈子省吃俭用,到最后能不留遗憾地离开人世吗?日本人的老年生活到底是怎样的呢?"他们表示难以理解日本人的生活方式,我真是深有同感。

与如此节约的日本老年人形成鲜明对比的是意大利老年人。

与日本一样，意大利的经济也长期处于低迷状态，但是意大利的老年人却在充分地享受老年生活。

地道的意大利人要在临终前把所有的钱都花光。自己赚的钱、自己存的钱就要自己花光，不留给后代。因为他们认为这些钱就是为了安享晚年而存的，所以年老的时候不把钱花光还等什么呢。我认为这才是幸福的人生。

所谓的"以防万一"……

为什么日本的老年人不积极地消费，而且直到临终前还在不停地存钱呢？要问其理由，一般都会听到这样的回答："仅凭年金和存款就能安享晚年了吗？大家都对自己的老年生活感到不安，所以还是不能花钱。"

之所以日本的老年人每天过着拮据的日子，很大程度上是因为老年人不了解自己当下的资产，对步入老年后能够得到的资产以及保险的作用也没有足够的认识。所以，每当听到年金危机，或是步入老年后如果资产不到1亿日元就不够养老等这样的报道，老年人对未来的不安感就会加重。

针对这一问题的解决办法在第3章中会有详细阐述。例如，做一个资产负债表确认自己的资产情况，制订步入老年后的生活计划。这样一来，大部分老年人就不会毫无根据地对未来感到不安了，甚至可能还有一些人会想，"要想在85岁之前花光剩下的资产，那么接下来的每一年都要比之前多花100多万日元"。

此外，日本老年人不花钱的理由还有一个，那就是存钱"以防万一"。对于那些正值工作年龄的在职一代来说，确实不知道什么时候会有"万一"发生。但对于那些已经退休的老年人，他们所谓的"万一"是什么呢？想来也只有"预料之外的长寿"或是"生病"这两种情况。

据日本厚生劳动省公布的调查数据显示，2015年日本男性的平均寿命为80.79岁，女性为87.05岁。但这终究是统计的数据，自己能活到多少岁还是要等到真正活到那个岁数才知道。日本老年人考虑到万一自己能活到90岁、100岁还是需要钱的，因此他们会觉得最好不要动用存款。对于老年人的这种心情也不是不能理解。但是，只要自己还活着就能一直领取年金，若是比自己预料的还要长寿的话，用完存款还可以靠年金生活。

在永旺办一场最豪华的葬礼也不过 70 万日元

由于年轻一代指望不上年金,所以他们为了自己的老年生活储蓄也不是不能理解。因为我也不相信日本政府所宣称的,现在的年金制度能够让国民 100 年都不用担心。

刚进入 21 世纪时,我曾在某电视节目中与一位担任政府年金制度改革顾问的日本国立大学教授讨论过这一问题。据这位教授说,新的年金制度是要实现每年 4% 的经济增长目标,同时工薪阶层的定期加薪也实现 4% 的目标,此外还要确保出生率恢复到 2 以及实现 5% 的投资收益率等。

然而,当时的日本还没有走出泡沫经济破裂的低迷期,在这个节点上想实现 4% 的经济增长和定期加薪的目标,无论如何都是不可能的。此外,随着日本少子老龄化现象的不断加剧,出生率恢复到 2 也是空想。

针对新的年金制度,我认真追问这位教授,但他只是一直回答,"以这些目标为前提的话是没有问题的",并没有给出一个有说服力的根据。

这已经是16年前的事了。那位教授所谓的这些前提是多么荒唐已无须赘言。也就是说,现在的年金制度是建立在那位教授的那些虚幻前提上的。所以可以想象,如今的年金制度有多少漏洞。

但是,对于现在65岁以上的老年人来说,情况就完全不一样了。显然,他们是"年金制胜的一代",其中大部分人都持有大量年金。

确实老年人若是得了大病,只有年金是不够的,但一般情况下都会有保险。事实上,在65岁以上的老年人中,每五个人里只有一个人是需要看护的,比例只占20%。然而,知道这一实情的老年人又有多少呢?因为媒体只报道个别的极端事例,所以老年人想着万一自己也到了需要看护的时候,存款就变得十分必要了。这种想法也不是不能理解,但是从客观的统计数据来看,老年人是无须过多担心这一问题的。

若是过了90岁后得病,那就是自己的天寿已到,坦然接受并在去世前再好好地享受一次人生,我认为这才是老年人该有的思想。然而,大部分的日本老年人都不会这么想。

就这样,日本人一边念着咒语般的"以防万一",一边继续存钱。相对于去世前花光所有积蓄的意大利人,日本人在去世时却还有3500万日元的积蓄，可以说是其一生中最大的资产。

日本的老年人经常说，若没有存款的话，到时候连自己的葬礼钱都拿不出来。但是据我所知，永旺最豪华的葬礼，费用也不过70万日元，那么抱着3500万日元存款的老年人是想要办多么豪华的葬礼呢？

日本老年人不像意大利人那样积极消费是源于日本的战后教育

即使葬礼无须花费很多钱，日本老年人仍然不会将年金全部用于消费，而是将其中的三成用于储蓄。这是因为他们没分清年金和工资的差别。

对于日本的老年人，他们什么也不用做，国家每两个月就会将固定的金额汇入他们的账户，明明什么都不用担心，而且即便是为了享受生活花光所有的积蓄也无大碍，但是这些老年人却为了还不知道什么时候到来的"万一"而辛苦存钱。在我看来这就是一种习惯。

对于这代老年人来说,储蓄已经成为他们的一种习惯,他们已经不能正常判断和思考问题了。但这并非是他们个人的原因,实际上现在的日本老年人被战后教育洗脑了。

"二战"后,日本受到联合国的严厉制裁。而且,日本国土面积本来就狭小,资源匮乏,所以要想实现战后复兴,让近一亿的国民都吃上饭,日本只能选择加工贸易这条路,即从外国进口原材料,然后在国内进行加工再出口到国外,依靠产品附加值盈利。

面对这条唯一的出路,战后的日本政府将"不劳动者不得食"这种思想通过学校教育灌输给国民。这样一来,劳动者就会从早到晚汗流浃背地辛勤工作,产量也就大大提高了。

这一尝试的确取得了巨大成功,日本一跃成为仅次于美国的世界第二经济大国,整个日本都沉浸在喜悦中。所以,在日美发生贸易摩擦时,即使美国指责日本,认为"日本国民普遍超负荷工作",日本国民也充耳不闻。

总之,在当时的日本国民眼里,"勤恳是人间至善"。他们认为,在公司里废寝忘食地工作,只会被称赞为"工作狂",没有人会指责这一"优秀品质",而那些不努力工作的美国人没有资格评论。这是日本经济高度增长时期日本国民的真实想法。

此外,作为一个战败国,想重振本国企业就需要大量的资金,银行要想提供低利率贷款给有潜力的企业,就必须要集结整个国家的资金。因此,当时的日本政府大力号召国民"为了美好的将来而储蓄"。

与日本政府一样,意大利政府也鼓励国民储蓄,但是意大利国民好像不怎么听话,所以并没有什么效果。然而,日本国民却相当听话,他们纷纷将15%～20%的收入存入银行或邮局,简直就像全民运动一样。在家庭里,就连父母给孩子零花钱时都要嘱咐一声,"不要全部花光,要为将来存点钱",这已经成了日本经济高度增长时期的常识。

就这样,他们那一代人从懂事起就不停地被家庭和学校教育"要勤勉,不要做与自己身份不相符的事,要努力存钱",如今他们步入老年了,日本1700万亿日元个人金融资产的大部分都是他们持有的。他们紧紧攥着一大笔钱而不消费,这都是日本战后教育的结果。俗话说"三岁看老",他们这一代人的储蓄习惯是很难改变了。

在"不劳动者不得食"这一思想的影响下,一直以来他们都是咬紧牙关艰苦生活,从来没被教育过要好好享受人生。对于这样生活了大半辈子的人，到了花甲之年，即使有人劝他们"从今往后也要像意大利人那样好好享受人生"，他们也不知道该如何享受。

老年人储蓄是牵制子女的一种方式吗

事实上，日本老年人不停存钱的理由还有一个。

前文已提到日本老年人平均每人将抱着 3500 万日元的存款离世。那么他们是想在离世后把这些钱留给谁呢？中国的老年人肯定会毫无疑问地说，"留给儿孙们"。30 年前的日本也是如此，当时的老年人将钱分给长子和长女是很普遍的事情。

但是，现在的日本已经变了。要是去问一些还算有钱的老年人打算把钱留给谁，他们大多数都会说"还没决定"。

为什么还没决定呢？难道不是留给子女的吗？虽然这一回答会让人觉得不可思议，但是若是了解这句话背后的深层考虑的话，多少都会有一些复杂的心情，也会理解老年人了。

老年人希望子女能够照顾自己到临终，但是子女们总是会先顾自己，根本不会好好尽孝，老年人认为他们可能连看护都不会好好做。但若老年人自己手里有钱，子女们知道等到父母离世后这些钱肯定会留给自己，多少还是会照顾一下父母的。

这就是日本老年人不停储蓄的另一个原因。

也就是说，老年人直到弥留之际还紧紧攥在手里的3500万日元，已经成为一种用来让子女履行赡养义务的"牵制力"。

可以说这是日本独有的现象。在其他国家，国民进入老年后，一旦行动不便就会去专门的老年人医院或养老院，这是很正常的事情。例如，在瑞典，为了不给子女添麻烦、让子女幸福生活，上了一定岁数的老年人会主动住进养老院。整个社会也都认同这种行为，国家也用心建设老年人的"最后归宿"。老年人从一开始就没有要让子女赡养的想法，所以他们才会毫无顾虑地把钱都花在自己身上，好好享受自己的人生。

父母对老年生活的不安感夺走了子女的"志向"

现在的日本国民中仍然有不少人认为照顾年迈的父母不是国家的责任，而是子女的责任。

日本的父母们对子女的职业考虑往往带有自

己的私心,他们希望女孩从事护士行业,男孩成为公务员。若女儿是护士,那么照顾自己就会很方便;若儿子是公务员,每天都会定点回家,也不用担心经济不景气时失业,而且退休后也能拿到稳定的年金,既有时间也有钱,这样就能好好地赡养父母了。

父母们看起来是为了子女考虑,但事实上只是考虑了自己的老年生活,将子女当作老年生活里最后的依赖。真是可悲!

被这样的父母养大的孩子,他们会认为平平淡淡过一生就好了,所以不要指望这些孩子能够突然有一天变成拥有远大抱负的有志青年。

国外的情况就完全不一样。例如,在犹太人家庭中,在子女很小的时候父母就会教育他们要有投资的概念,教子女投资理财的方法。美国人也一样。他们希望自己的子女能像比尔·盖茨、史蒂夫·乔布斯那样,年轻的时候不断尝试和挑战,自己创业,积极地赚钱。日本大部分父母都希望自己的女儿嫁给公务员,而美国的父母认为自己的女儿与公务员结婚并不是一件值得开心的事,甚至大多数的父母都会很反对,他们会劝自己的女儿,"另一半竟然是无聊的公务员,还是重新考虑一下吧"。

日本的子女们一直以来都被父母教育,"好好听老师的话,要拼命学，要进入好的学校，要在稳定的企业或政府机关工作，要过上安定的人生"。事实上日本的子女们一直以来也都是这么做的。所以，一直以来他们都过着安定的生活，也有着不错的收入，于是也同样要求自己的子女这样生活，认为这条路并没有什么错。

确实，对于现在已经六七十岁的老年人来说，这种生活方式并没有什么不好。因为在他们那个年代，若是能在大企业稳定地工作，工资每年都会上涨，奖金也能足额发放，到了一定年龄，不管能力如何，都会当上课长、部长。因为在那个年代，日本的经济本身就在增长，企业的营业额也在逐年上升。

但是现在的日本不一样了，即使你成绩优秀、就职大企业，也不能保证一定就能过上安定的人生。东芝、夏普等这些日本老牌大企业的现状，如实地反映了如今的日本经济情况。

如今的日本是全球负债第一国。政府每年通过的预算都刷新了历史最高纪录，而财政收入又不足，所以每年都要发行30万亿～40万亿日元的国债，如今日本的国家债务已远远超过1300万亿日元。

2016年年底，日本内阁会议通过了2017年度预算案，年度预算总额达97.45万亿日元，连续第五年刷新历史最高纪录；税收方面，2017年度税收预计只比2016年度增加1080亿日元，为57.71万亿日元，基础财政收支的赤字规模相较于上一年再次扩大。

不久的将来，即使公务员也不再是"铁饭碗"了，日本很可能也像希腊那样，一半的公务员都将被改组。

只有那些不断开拓新领域、靠自己寻求真理的"冒险家"，才能在这个时代生存下来。21世纪，没有什么工作是能一辈子稳定的，谁也保证不了我们的未来。

把赡养老年人的责任交给子女，不仅束缚了老年人自在地花钱，同时也扼杀了子女们的其他可能性。若是国家不去消除老年人对老年生活的不安感，不切断这种畸形联系的话，下一代人还会重复同样的事情。这种联系就像复合污染一样，会导致日本国力急速衰退。

消除老年人对老年生活和未来的不安才是刺激经济的最佳政策

综上所述，日本老年人不花钱是由各种各样复杂的原因导致的,但其根本原因是因为老年人对老年生活和未来感到不安。年轻人的心理也是一样的。无论如何也不动存款,连年金都存起来,一方面是因为这代老年人被战后的教育洗脑,认为"储蓄是人间至善",但更大的原因在于老年人认为,"只有把钱留到自己的弥留之际才会安心"。

那么,让我们倒过来分析这个问题,事情就容易多了。

若是政府能够消除国民对老年生活的不安感,那么市场就会有资金流入。特别是日本的老年人,因为整个日本1700万亿日元个人金融资产中的一大部分都是他们的,只要他们拿出那些为了"以防万一"而存起来的存款去充实自己的人生,肯定会有很好的经济效果。

前文中已说过,即使拿出个人金融资产的1%,那也有17万亿日元,这已经超过GDP的3%。只要将这些钱用于消费,日本的经济就会立刻好转,走出持续低迷的状态。

日本经济快速增长的方法,并不是给劳动者加薪,而是让老年人花钱去充分享受人生,进而刺激日本经济。因此，安倍首相建议经济团体联合会给日本劳动者加薪的这一行为毫无意义。

这些现象在20世纪的教科书里没有，但这才是21世纪的日本最真实的样子。

利率越下降，对国民的冲击越大。安倍首相、黑田行长"撒钱"与否都没什么影响，因为国民手里有钱。不研究自己国家的实际情况，而请外国的经济学家来询问意见，这简直就是糊涂透顶的事情，安倍首相也应该适可而止了。

若是国民对自己老年生活感到不安，即使政府下调利率、加薪，国民也依然不愿花钱。安倍首相若真想重振日本经济，实现600万亿日元的GDP目标，就应该集中力量去推动老年人消费。

政府具体应该采取怎样的措施，请看第2章。

·解决问题篇·政府·

| 第2章 |

要想消除老年人对老年生活的不安感，政府应该做什么

"行之有效的解决办法"就在此

政府应该告知老年人"关键时候由国家来照顾你们"

日本国民拥有1700万亿日元的个人金融资产,可以说想花多少花多少。但是,不论老年人还是年轻人,都因为对老年生活感到不安而选择不花钱。特别是持有大部分个人金融资产的65岁以上老年人,他们本来就无须对未来抱有不安,但是他们的储蓄心理已经固化了。他们怀着模糊的不安感不停地存钱,最后平均每人抱着3500万日元离世。所以,如果老年人的资产不流入市场,消费就完全不会增长。

对于这样的日本国民,"下调利率、往市场上撒钱、加薪就会激活经济"这种20世纪的经济政策根本行不通,而根据20世纪的经济政策提出的"安倍经济学"也同样行不通。

政府现在最应该做的是消除国民对老年生活和未来的不安感,让1700万亿日元的个人金融资产流入市场。只拿出其中的

1%，也有17万亿日元的消费增长，相信一定能够达到超过GDP 3%的经济效果。这是能够让日本经济从持续低迷的状态中走出，再次恢复活力的唯一方法。

以上内容是对第1章的要点总结。那么，将国民从"对老年生活的不安"中解放出来，政府具体应该怎么做呢？第2章将提出具体的对策。

首先，安倍首相应该坚定地告诉国民，"到了关键时候，政府会承担起照顾大家的责任，为此政府也准备了完善的安全网，所以大家可以不必存钱，好好享受自己的人生，尽情花钱吧"。

第1章中已经提到，大部分老年人实际上手里有相当多的资产。此外，虽然媒体很少报道，事实上日本的养老"安全网"已经非常完善。生病了可以用健康保险，需要看护可以用看护保险，若不能工作了，即使存款花光了，还有国家发放的年金，所以老年人的生活基本上都能得到保障。

但是，日本的媒体却只报道那些独居老人孤独死去的新闻，所以越来越多的人变得很敏感，担心自己年老后也会有同样的遭遇。媒体不应该为了增加收视率和点击率一味地煽动国民的不安情绪。相反，面对国民对老年生活的不安感，媒体应该告诉国民，国家能够为他们提供生活保障。这样一来老年人的不安感就会缓和很多。

国家应该培养一批专家，专门负责消除国民对年老后资产的不安感

日本国民是完全不相信政府的。他们会怀疑："政府现在说会照顾我们，但万一到了关键时刻政府背叛我们怎么办？"所以，安倍首相或日本政府只昭告国民"关键时刻政府会照顾你们，所以请大家放心"，是远远不够的。

相较于政府，国民更容易接受"消除对年老后资产的不安"的咨询服务。因此，第二个方法就是国家培养一批专家，专门负责消除国民对年老后资产的不安感。

最近许多企业都在做各种模拟实验来研究自身的业务连续性计划（business continuity plan，BCP），即设想当企业遇到大地震或是突然的汇率变动时，分析现有的计划能否应对，是否需要调整企业计划。政府也可以效仿企业，为国民制定个人连续性计划（personal continuity plan，PCP）。所以，国家要培养能够做这些事情的专家。

日本国民之所以有钱也不投资理财、不消费，而是一味地储蓄，是因为他们被"万一没钱，关键时刻怎么办"的心理所束缚。

为了所谓的"关键时刻"，大部分国民除了有年金和存款之外，还买了分期缴保费的人寿保险。年金、存款、人寿保险，日本的老年人为自己的老年生活上了三重保险，所以他们的资产才没有流入市场。

然而，所谓的"关键时刻"到底是什么时候呢？大部分老年人都回答不出这个问题。若是执意追问，他们就会说"葬礼费用什么的……"第1章已经提到过，在永旺不到100万日元就能办一场豪华葬礼，所以葬礼费用对于抱着3000多万日元离世的老年人来说根本不是问题。

主要问题在于老年人对"关键时刻"这一概念没有清晰的认识，所以他们怀着莫名的不安感不停地存钱。

因此，专家们要做的是：

（1）给"关键时刻"做一个具体、明确的定义。

（2）认真帮老年人计算一下，若是"关键时刻"来了，老年人手里有的钱能否够他们渡过难关，同时详尽地回答老年人的问题，帮老年人消除不安感。

"关键时刻国家会出这份钱""入了这个保险，那些保险就没必要买了"，像这样详细地帮助老年人分析他们各自的财产状况，最后就能算出到离世之前他们需要的资产是多少了。这样一来，剩下的钱他们就可以毫无顾虑地用来消费了。

有一些老年人认为"关键时刻"就是患病的时候。若是得了大病，医疗费用在一定范围内保险能够报销。国家应该重新制定保险制度，允许超出保险范围的费用也可使用保险，这样即使生了大病国家也会照顾到底，国民才会安心。

当然，这会花费一定的费用，但若通过这些办法能让老年人安心地将手里的钱用来享受人生，也是相当划算的事了。

国家应该教给老年人"资产生钱的方法"

第三个方法是国家认真制订一个老年人再教育计划，教给他们使用资产生钱的方法。

因为日本老年人考虑到钱越花越少，所以他们即使有很多钱也不敢放心花，而那些退休后没有资金来源的老年人更是如此。

其他国家的国民，稍微有些资产都会想着拿来投资继续赚钱，这是很普遍的现象。但是，日本国民却缺乏"资产生钱"的意识，也不知道如何生钱。好不容易有些资产却不知道利用资产生钱的方法，最后只能一边祈祷资产不要贬值，一边紧紧地攥着钱。所以，日本国民不论有多少钱都不会安心花的。

因此，日本政府应该致力于教会国民用资产赚钱的方法，让资产管理成为国民的"拿手技能"。我之所以建议政府这么做，也是因为考虑到日本的未来。如今日本的劳动人口持续减少，将来劳动者的收入也不会增加太多。所幸算上金融资产和非金融资产（不动产等），日本还有3000万亿日元的实际资产，所以日本想要保持现有的经济实力，只能用这些资产来创造新的资产。

实际上，其他国家的政府和国民早已开始在全球投资，他们正在不断增加本国的资产，遗憾的是只有日本落后了。所以，当前最重要的是让日本政府和国民都有这种"今后要增加资产，而非资金"的意识。

那么让资产生钱的方法有哪些呢？

最简单的一个方法就是将那些"封存"的储蓄和存款变成信托等金融产品。利率如此之低却仍选择储蓄，怎样考虑都觉得不应该闲置资产。如果你现在是在职一代，那么我强烈建议你为了老年生活现在马上开始进行资产投资（详细方法请参照第3章）。

有不少老年人反映，"因为用自己宝贵的年金买了证券公司的营业员推荐的投资信托，结果亏大了，再也不想投资了"。

本来投资信托是为了年老后做准备，是从年轻时候就开始投资，基本上都是长期持有。然而，日本国民都是在退休后才开始投资，所以想要高收益率，国民就不得不去入手那些要看购买时机的高风险产品。

金融投资扫盲率低，再加上有不少假冒金融产品，所以很多老年人稍不注意就会付出一大笔手续费。由于有这些原因，我们还不能极力地劝说老年人投资金融产品。

"将老年人作为推动力的增长战略"才最适合日本

那么老年人应该怎么做呢？日本的大部分老年人都有房产，而且绝大多数人都已经还完贷款。房子也能成为赚钱的一种办法。

例如，祖孙三代建了一座房子，而父母已经离世，子女也有了自己的家，只剩下夫妇二人住在宽敞的房子里。对于这类家庭就可以利用空房间来做类似于爱彼迎○(Airbnb)的服务。由于近年来的访日外国游客不断增多，城区酒店的运转率超过90%，若是房子的地理位置好，肯定会有非常可观的收入。

此外，金融机构要促进资产抵押债券（ABS）○的商品化，这样一来，那些有房产的人就能改造自己的房子了。在我事务所的旁边住着一对老夫妇，他们就有一栋两层的房子，金融机构若能发行资产抵押债券，这类人群就比较容易接受将自己两层的房子改建为五层。

突然劝老年人改建房屋，肯定有很多人不愿意改建，他们好不容易还完了贷款，谁都不想再负债了。但是，如果金融机构发行资产抵押债券的话，相信老年人们都会愿意去尝试。具体来讲，

○ 爱彼迎，全球最大民宿服务平台。——译者注
○ 资产抵押债券（asset-backed security，ABS）是以资产（通常是房地产）的组合作为抵押担保而发行的债券，是以特定资产池（asset pool）所产生的可预期的稳定现金流为支撑，在资本市场上发行的债券工具。——译者注

首先，老年人要对自己的房屋改造有一个详细的计划，比如自己住采光好的四层或五层，一至三层出租出去；然后，将未来预计收入的房租作为抵押担保向金融机构贷款，这样就有钱改建房屋了。这样一来，老年人既不用负债，又能得到稳定的收入，对他们而言是一个不错的选择。

但是，美浓部亮吉在任东京都知事时出台了"日照权"规定（1978年），明确规定即使是自己的土地也不能随意建造房屋。所以，现在的政府要废除这一政策或者放宽国民建房的限制，比如从现在开始的20年间，暂停实施"日照权"规定。

只需国土交通省的官员一声令下，日本房屋的容积率就会增大，像纽约和巴黎那样，而且本来房屋的容积率也不影响房屋的安全系数。如果金融机构能够发行资产抵押债券，那么越来越多的人就会愿意改建房屋，到时候东京都内一定会掀起一阵房屋改建热潮。

或者政府可授权给地方自治体，让地方自治体与地方的专家一起探讨规定地方的房屋容积率，这也是一个不错的选择。

这样一来，国家教给老年人"资产生钱"的方法，同时再放宽一些限制，让老年人用资产赚钱的道路更顺畅，那么老年人就会安心地花手里的钱了。这才是最适合日本的"发动老年人的增长战略"。

国家和企业的重点应该是让老年人"享受人生"

一方面，政府要采取这些政策来消除国民对老年生活的不安感；另一方面，政府还要向国民介绍享受人生的方法，甚至有必要发动全民参与其中。例如，在全国文化中心地带开设"幸福人生的方法（入门篇）"相关讲座，教授国民如何享受人生。

从日本国民的平均寿命来看，老年人到了60岁之后普遍还能再活25～30年，所以至少在80岁之前大部分老年人是不需要看护的，也就是说，大部分老年人都是能积极主动生活的。

然而，日本的老年人几乎都不能积极主动地度过老年生活。一方面是由于老年人对老年生活感到不安，于是选择不消费；另一方面是因为他们根本就不知道如何积极享受人生，也不知道该怎么花钱。

最近，日本国民家族旅行的年平均天数终于达到了2.0天，但只不过是每年去一次国内温泉旅馆住上一晚而已。对于习惯了这种状态的日本老年人来说，退休后即使想去世界上其他疗养地悠闲地享受也不知道从何处入手，这也在所难免。

最近，在这些老年人中开始流行 JR 九州列车之旅"九州的七颗星"这一旅游项目。这趟列车的内部装饰堪比一流酒店，沿途经过耳纳连山、慈恩瀑布等九州地区的著名景点。坐上这趟列车，老年人们可以一边欣赏沿途的美景，一边品尝博多著名寿司店"山中寿司店"的寿司。

四天三夜的旅程，两个人需花费 100 多万日元，费用一点也不便宜，但报名数却是其他线路的 100 倍，而且据说每 10 组里就有 1 组人在回来时又预约好下一次的旅行。这种"一条龙服务"就是专门为不会打发时间的日本人设计的。

当然这种服务也不是不好，但是这些项目真的满足了老年人的需求了吗？在我看来并没有，夫妇二人花费 100 多万日元可以去很多有趣的地方。

遗憾的是，只有像意大利人那样，从在职时就一直以"度假第一"的心态生活才会知道享受人生的方法。显然，日本人并不是这么生活过来的，所以他们并不知道该如何享受生活。

等到他们意识到"好像到弥留之际还会剩下很多钱，要是早点花了就好了"，于是就会突然拿出一大笔钱用在"九州的七颗星"这种一条龙服务的旅行上。日本老年人的这种消费模式可以说是一种"自弃式消费"或"草率消费"的行为。

对于在文化教室等地方开展课程，教授老年人享受人生的这一提议，应该会有很多人持反对意见，但我认为这正是超越安倍经济学的经济刺激政策。日本政府应该制订一项国家计划，专门研究如何撬动 1700 万亿日元的个人金融资产。

与老年人一样，日本的在职一代也不知道享受人生的方法。长此以往，在职一代也会像如今的老年人一样，"虽然有时间，但是没有想做的事"（第 3 章会详细介绍在职一代应该如何制订生活计划，以帮助他们走出这一怪圈。尤其是那些认为"等到退休后有了时间再好好考虑如何度过老年生活"的商务人士，我建议你们一定要读这部分内容）。

因此，日本政府也应该设立一个"山之日"，通过增加一天的休假让全体国民都带薪休假。这样一来，那些商务人士即便再忙每年也能有一个月享受休假。就连在东南亚的发展中国家的国民都在享受人生,这些国家只要人均 GDP 超过 1 万美元,国民就想着要去哪里度假。然而日本国民却没有这种意识,所以就需要政府去督促国民。

顺便说一下,大多数的日本国民并不清楚资产生钱的方法,也不明白该如何积极享受后半生,这一点这对于企业来说正是一个商机。

若是企业能够建议日本国民"如果这么做的话,就能将手里的资产生钱""这么做的话,就能让钱花得更有意义",那么这对于企业来说绝对会是一个大商机。希望企业能够重点思考更能抓住老年人心理的商品和服务,毕竟拥有日本 1700 万亿日元的个人金融资产大部分的是老年人。

引进资产税和增值税,制定符合发达国家的税制

政府应消除老年人对于"关键时刻"的不安,教他们享受人生的方法,创造资产生钱的条件,仅这些措施就足以让高达 1700 万亿日元的个人金融资产中的相当一部分资金流入市场。

紧接着,政府还应该采取一项重要的政策,即对税制进行根本性的改革。具体来说,政府应该废除包括个人所得税、居民税、遗产税、赠与税、法人税和消费税等在内的现行所有税

种，将其整合为 1% 的资产税和 10% 的增值税这两种。

资产税是指对那些拥有固定资产和金融资产的个人或法人，每年征收 1% 的税金的税制。日本国民的固定资产和金融资产合计约有 3500 万亿日元，日本的法人拥有的固定资产和企业内部储备资产合计约 1500 万亿日元，所以日本国民与法人的资产加起来有 5000 万亿日元。如果每年对这些资产征收 1% 的税金，就有 50 万亿日元的税收收入。

资产税的一个好处就是，对拥有较多资产的人适当多征收一些税。因为即使存在银行也需要纳税，所以就会刺激拥有资产的人产生"反正都要纳税，所以慢慢花掉吧"的想法。那么之前一直存在银行里的钱就会开始流入市场，刺激消费的效果一定相当显著。

现在日本遗产税的最高税率是 55%，可以说是相当高了。即使老年人在生前将一部分财产分给子女，子女也不会花这笔钱，而是会先存起来，因为考虑到父母离世的时候还要纳税。

如果将遗产税改成资产税的话就相对比较公平，继承人随时可以继承资产，而且继承人也是缴纳固定的税金，所以不存在贬值的问题。如此一来，老年人可能就会选择尽早将资产转移给需要资金的子女，这也会推动消费。

一般来说，在发达国家通常是对经济总量进行征税，而非流通量。对于发展中国家来说，由于每年劳动者的薪资都会上涨，公司也能够盈利，针对个人所得税或法人税等流通量征收税金才能够实现高效的征税。

但是，这种征税方法对于日本这样的发达国家就行不通了，因为企业高效盈利或个人收入大幅增长的时代已经过去了。取而代之的是资产的增长。日本在经济低迷的 25 年间，个人金融资产从 1000 万亿日元增加到 1700 万亿日元，增加了 700 万亿日元。所以，在发达国家，对固定总量的金融资产和不动产征税是较为合理的。这本来是最简单的常识，然而日本的政治家和经济学家的思想到现在都还停留在发展中国家阶段。

增值税是指对从生产到流通所有阶段产生的附加值进行征税。我认为，并不是只对最终的消费进行征税，政府应该采取另一种方式的增值税，对所有在生产、流通阶段创造出附加值的法人和从业者进行广泛地课税（目前虽然已实现了一部分，建议通过增值税发票的方式，建立起完善且彻底的增值税体系)。

如果引进这一体系,不仅是消费税,个人所得税和法人税也没有必要征收了。现行的法人税制,若是企业稍微用点心思就能逃税,所以就会存在"虽是大型企业,但却几乎不缴纳法人税"这一怪象。附加值是从售价里减去采购成本,所以能够精确算出,企业没有规避途径,而且是对所有附加值进行征税。

如果将增值税税率定为10%,日本国内所产生的附加值总额即GDP约达500万亿日元,那么增值税税收将有50万亿日元,再加上资产税的50万亿日元,日本将会有约100万亿日元的税收收入,远远超过现在。

现在的日本税制很复杂,很难说公平与否。此外,日本还有很多奇怪的税种,如汽车重量税、洗温泉税、高尔夫球场使用税等,我认为这些税种都可以废除掉。

在人口不断减少、老龄化不断加剧的日本,还在套用发展中国家的税制,导致国民消费萎缩,不得不说这是糊涂透顶的做法。

向国民展示解决"国家债务问题"的方法

对税制进行根本性改革并不简单。为何这么说呢？因为日本国民对税金的抵触情绪非常强。政府将消费税从5%上调到8%的时候，舆论出现了压倒性的反对意见，国民认为上调税率会影响经济的发展，同时增加低收入人群的负担。

安倍首相撤回税改方案，并称"将消费税从8%提高到10%"这一措施推迟两年实施。因此在参议院选举的时候，日本国民都十分高兴地把选票都投给了自民党。这就是日本人的国民性。

澳大利亚在2000年举办悉尼奥运会时引进了消费税。在这之前澳大利亚并不存在消费税，突然开始征收10%的消费税，这对于澳大利亚的国民来说心里绝对是不平衡的，但是我并没有听说澳大利亚因为这个政策而引起国民的骚动。要是在日本的话，恐怕刚一出台类似政策就会引起国民的反抗，甚至连首相也会被免职。因为身处日本这样的国家，政治家自然会对税制改革感到没有信心。

但是，对税制进行彻底性的改革，绝对是"消除老年人不安感"这一进程中避无可避的事情。

前文提到，日本的国家债务高达1300万亿日元，位居全球第一。现在这个时候，能够为巨额外债做担保的，就是日本国民拥有的 1700 万亿日元的个人金融资产。

大部分日本国民认为自己并没有购买国债，但是国民存钱的银行、邮政储蓄、人寿保险、意外保险等这些机构全部都购买了国债。也就是说，国民的金融资产正在通过金融机构转化为国债。

近年来，从这些金融机构持续大量买入国债的正是日本央行。这一点在第 1 章已经讲过，日本央行的国债持有额高达 400 万亿日元，相当于日本 GDP 的八成。一旦国债暴跌，那么拥有大量国债的日本央行将是最危险的，到时候一定会陷入前所未有的危险状况。

一旦发生这种情况，日本政府肯定会对国民的 1700 万亿日元的个人金融资产虎视眈眈，想着吞掉这些钱。比如说，政府突然有一天宣布将实行"新日元"制度，新日元的价值是现行日元的一半，那么 1 万日元就会变成 5000 日元，这样一来，国民的 1700 万亿日元的个人金融资产就会变成850万亿日元。政府将强行从国民口袋里掠夺850万亿日元，用来清偿国家债务，暂且规避拖欠债务的风险。

还有一个问题就是国债暴跌，即恶性通货膨胀。假如一个100日元的面包价格增加了1万倍后变成100万日元，那么国家的债务实际上就减少到原来的万分之一，同时国民的金融资产也变成了原来的万分之一。恶性通货膨胀就是国家暴力夺取国民财产的一种方式。

不管怎样，国民的生活不可避免地会遭受很大的打击。日本国民也并非愚民，他们肯定会预感到"在自己有生之年要发生那种灾难"，所以才会对将来感到不安。

因此，想要消除国民对老年生活以及未来的不安感，面对国民对于"到底如何处理全球最大的国家债务"的疑问，政府必须要向国民展示出如何解决这些问题的一些方案。其中最佳方案就是对税制进行根本性的改革。

提到国家债务和税金问题，"消费税率的上升"经常成为国民热议的话题，其实从8%提高到10%并没有差很多，对消除国民对未来的不安感也没什么大的作用。但是，就是因为要上调2%就引发了政局动荡，说白了，安倍的这一政策就是在浪费时间和精力。

因此，日本政府应该引入资产税和增值税，同时废除其他税种。此外，安倍首相还必须向国民明确表明：采取资产税和增值税税制后，国家税收将达到100万亿日元，政府将用这笔税收来还清债务，这样一来，国家也不必担心未来发展，国民也会安心将手上的钱用于消费，资本市场也会看到日本国民想要偿还债务的决心，那么资本市场也不会抛售国债，如此一来也避免了国债暴跌的危险。

重新定义疾病，控制医疗费用的支出

社会保障费用与国家债务问题是相关联的。近年来，由于少子老龄化的加剧而不断增加的社会保障费用问题备受关注。不少人看到这些新闻和报道后，会产生这样的想法："政府的预算中福利支出不断被削减，现在很多可以免费享受的社会服务可能逐渐需要自费，好像医疗保险和看护保险需自己承担的部分也在渐渐增加。还是得把钱留着以防万一的时候用吧。"这也是日本国民对于老年和未来生活感到不安的原因之一。

从现在的国家财政状况来看，维持现有的福

利水平已经很吃力了。所以，日本政府恐怕早晚都得重新划分福利范围。

不过这也并非坏事。在日本的福利中，有一些被普遍认为是过度福利，其中最甚的就是医疗费用。据日本厚生劳动省发布的数据，日本2015年度概算医疗费为41.5万亿日元，比2014年高出1.51万亿日元，同比上涨3.8%，连续13年刷新历史最高纪录。

如果从国家财政的角度出发，那就必须大幅控制医疗费用支出。但是照目前这种形势发展下去，医疗费用将会不断增加。

然而造成这种情况的最大原因就在于"对疾病的定义"。日本一直以来对疾病的定义都十分模糊。例如，只是单纯的感冒症状，在日本，大多数人会毫不犹豫地去医院，接受检查并开药。但若是在北欧，若患者只是单纯的感冒症状，那么即使去医院也不会有医生为其检查。这些地区的国民若是感到身体不适，首先会联系当地的社区医生，说明自己的病情。若是到了发热或头疼的程度，社区医生就会为患者列一些非处方药的药单，之后患者去药店或百货商店自行购买药品即可。若是重病或重伤，社区医生诊断后确认必须马上去专门的医院就诊，社区医生会开病例说明，这样才能够去医院治疗。

在美国也是如此。如果是星期天因为打网球过度导致肘部酸痛，即使去医院挂外科门诊，医生也不会为你看病。如果只是"网球肘"的程度，医院不会认定为是受伤，所以患者只能自己用纱布湿敷来缓解疼痛。由于是自己的责任，所以也不能怪别人，大家也都普遍接受这种做法。虽说如此，但若是无论如何都想让医生诊断一下也不是不可以，但是这种情况就不能使用医疗保险，患者需全部自费。

这种情况在全球都是很普遍的。例如，在瑞典、丹麦等国家，所有人都可免费咨询当地的社区医生，也并没有出现由于医疗费用无止境膨胀而加重国家财政负担的情况。

像日本这样，去医院看门诊比去药店买药还便宜，比起社交场所，老年人经常跑的是医院，那么医疗费用支出将会无止境地增多。

要想控制医疗费用支出，政府首先要对疾病给出明确的定义，让国民知道医院是生病的人才能去的地方，病人对照相关定义确定是否可去医院就诊。首先要改变的是那些认为感冒了理所应当要去医院开药的人的想法。

"救护车有偿使用"是必行之策

救护车一定要有偿使用。

放眼全球，可以无偿使用救护车的国家少之又少。例如美国，救护车每出勤一次就要收数万日元的费用。本来救护车就是只有在性命攸关的紧急时刻才容许使用的。

但是，据说在日本，有些受轻伤的患者也要叫救护车，甚至有的人被虫子咬了或者睡落枕脖子疼都要叫救护车。之所以会出现这种情况，就是因为呼叫救护车是免费的。如果呼叫一次救护车就需要几万日元的话，只是落枕脖子疼这种症状，患者是绝对不会拨打119的。就是由于有太多人随意呼叫救护车才导致救护车很难分配到那些分秒必争的重伤患者，同时也造成了交通拥堵。

而且，地方政府每年要拿出2万亿日元的预算用于救护车的出动和维护。如果是有偿使用的话，这一项费用支出就能够减半。

若是对救护车有偿使用，肯定会有人批判这对低收入者不公平，所以政府可以采取对于真正需要救护车的人免收费用，或者可以在之后退还费用的做法。

医疗费用不断增加，医院方面也要承担部分责任。在俄罗斯，像CT扫描仪或MRI磁共振成像等这类高端医疗设备，只有去莫斯科的大医院才能看到。但是在日本，这种高端医疗设备在地方城市的医院也很常见。对于真正需要这些医疗设备的患者，这是十分好的医疗环境，但另一方面，若患者对这些高端医疗器械的需求量没有特别大的话，就收不回成本。

此外，由于住院患者比门诊患者更能给医院带来利润，所以那些在国外建议疗养即可的患者，在日本，医生会建议马上住院。就连分娩也一样。在国外，要是快的话，孩子出生的第二天就让孕妇出院，但在日本，孩子出生不到一周，父母都不能将孩子带回家。这样一来，住院费就增加了，这对医院来讲是求之不得的，但是真的有必要住那么久吗？

医院将盈利放在首位也是造成医疗费用增加的一个原因。医疗费用是由国民自己承担的，所以应该由国民自己来决定要不要住院。那些只考虑利益的医院，应该立刻停止不负责任的行为。

这种情况在国外肯定会引起大骚动，而日本

国民之所以默默接受这件事，是因为日本有公费医疗，需要患者自己在医院窗口直接支付的金额只是全部费用的一成、二成或三成，少之又少。但是在日本之外的国家，最初是需要患者自己全额支付的，在保险审核之后，会报销一部分，所以患者自己花了多少钱一目了然。这样，医院方面也没有办法耍花招了。

政府应该对疾病有一个明确的定义，并重新审核医疗制度，杜绝医生为了自身利益而做出浪费医疗资源的诊断和处理，如此一来就能有效控制医疗费用的增加。

此外，我建议在全体国民中探讨一下对于延长寿命的看法。

去年我的老母亲已经 98 岁高龄了，我一直是在家里照顾她的，但是在母亲临终前，医生却和我说："到了这个岁数，还是住院比较好，这样能够比在自己家疗养活得久一些。"

母亲自从身体变弱后就一直在家静养，只有一次因为腿骨折不得不住院一段时间。当我问母亲的时候，母亲说想在自己家里静静地度过人生最后阶段。当然我也想尊重母亲的选择，因此拒绝了医生的建议，对医生说："不好意思，我觉得没有延长寿命的必要。"一个月后，母亲离开了人世。正如母亲希望的那样，最后的时光她是在家与家人一起度过的，我想母亲一定很满足。

日语中有句俗语叫"尽享天年"。然而现在日本的医疗氛围是，即便老年人到了天年，也还要带呼吸机或做胃造瘘来勉强延续寿命，这在当今的临床治疗中是很常见的情况。但我认为无论怎样这都是违背自然规律的，是无益的。对于身陷病痛的患者，或是早已失去意识的患者，还要想方设法延长他们的寿命，患者本人一定不希望这样，肯定都想尽早摆脱痛苦。

所以，想要多活哪怕一天的这种想法，并非是患者本人的意愿，事实上都是家人强加的意愿。医生为了之后不被家人埋怨，所以不得不采取一切医疗措施来延长患者的寿命。

延长寿命的治疗费用相当高。出于家人的心愿让老人延长寿命，这样会增加社会医疗成本。为了照顾家人的心情，对老年人进行延长寿命的治疗，着实会给日本的经济带来不良影响。

对于迎来天寿的祖父母以及父母，勇敢地选择不延续寿命，让他们自然地离开人世，这才是成熟的思考方式。如果越来越多的人能这么想，那么不断上涨的社会保障费用一定能够有所减少。

政府应建立一个机制，让富裕的老年人为了下一代人贡献出自己的资产

至今为止，日本的老年人福利都是基于减轻不富裕老年人负担这一考量制定的。因此，日本政府采取了减免老年人的公共交通费、减少老年人的医疗负担比例等这类措施。

然而事实上，就像本书反复强调的一样，从统计数据来看，老年人反而是有钱人，不富裕的是年轻人和未来的一代人。"底层老人""老年破产"等这些经常引起热议的话题只是少数情况。

日本现在的老年人福利，是政府通过发行国债（也就是国家通过借钱）来维持的。这些钱是谁来还呢？正是现在的年轻人以及即将出生的下一代人。对于即将出生的下一代，他们一出生就要背着几千万日元的债务。

所以，政府必须马上停止为老年人提供超过能力范围的服务，不要将账单留给下一代人。要想消除年老后破产的不安感，改革势在必行。政府不仅要为国民准备一个最低限度的养老安全网，而且还要停止对老年人的优厚待遇，让老年人也承担其能力范围内的责任。

另外，对于那些富裕的老年人，不仅要让他们承担力所能及的责任，政府还应该建议让这些老年人将自己的一部分资产

拿出来捐给未来的日本或下一代。当然，只说"请捐款吧"，谁也不会把钱拿出来，所以政府要推出一些奖励政策。

从在社会保障费用中占很大分量的年金来看，对于现在的老年人，按照平均值来看，他们的年金是足够了。厚生年金⊖的数额，每个月每人到手高则 23 万日元，低则 16 万日元，大多数老年人每月都能领 20 万日元左右。

如果曾经是大型企业工薪阶层的员工，在此基础之上还会有企业年金。我的一位友人，他每个月加起来有 80 多万日元的年金收入。因为他们是夫妇二人生活，所以生活费也不会花费太多，又有存款，友人还感慨不知道年金应该花在哪里。媒体报道的都是贫穷的社会底层老人，然而事实上那些拿着一大笔年金的老年人才是大多数。

而根据现行的年金制度，政府还继续给那些富裕的老年人发放国民年金或厚生年金，不得不说这是政府制度上的不完善。

⊖ 厚生年金是日本的一种保险，类似于中国的养老保险。——译者注

我自身现在也领取年金，由于还没退休，说实话，即使没有年金生活上也不会有困难。但是，我拒绝接受年金的想法被税务师劝阻了。按照税务师的说法，一旦拒绝接受，就不能再恢复了，所以即使现在不需要年金，也还是先存着比较好。这也是很奇怪的想法。

政府应该修改年金制度，允许国民放弃年金

下面我就改善年金制度提出一些我的建议。

到了50岁，到底要不要接受政府的年金呢？我希望大家深思熟虑之后再做决定。对于那些没有年金就对退休后的生活感到不安的人，还像之前一样接受年金就好；对于那些既有资产又有企业年金，不接受年金也可以生活的老人，我建议他们主动放弃年金。

后者（即放弃年金的老人）放弃自己的权利，想将那些钱留给下一代，这种行为是令人钦佩的，所以国家应该给予他们相应的奖励。例如，若是他们放弃了年金，那么政府就应该免除他们的个人所得税，以及需要本人承担的医疗费用。

此外，对于那些不需要金钱补偿的人，政府可以给他们荣誉。将他们的名字或照片，烧制在大冢陶业那些过2000年都不褪色的美术陶板上；或者在世界遗产的富士山山脚下设立

个纪念公园,将这些人的名字和生平介绍永久留存,这样一来,去那里游玩的后代就能够看到了。

此外,政府还应明确规定,对于放弃年金的人,一旦生活发生变故需要年金,那么只要办完规定的手续就可立即恢复领取年金的权利。

如果能够像这样制定明确的奖励制度,并且在关键时刻能够马上启动救济方案,那么谢绝接受年金的人就会越来越多。这样一来,即使将个人所得税全部免除,只要年金负担减轻,国家财政情况也会好转。

若政府不改变现有制度,任其发展下去的话,现在的老年人可以拿到超过年轻时自己缴纳金额的年金并且安享晚年。然而,对于现在的年轻人和下一代人来说,等到他们步入老年时,他们用生命支撑着的年金制度早已瓦解,本应该拿到的钱拿不到了,这种悲惨的遭遇是难以避免的。

为了避免这种情况,政府必须进行大胆的改革,设立相关机制,让那些即使放弃年金也能够安度晚年的老年人逐渐放弃年金。

给予国民自由处置财产的权利

从 2015 年开始，日本政府不断下调遗产税的免税额，征税范围大幅度提升。然而国民只要稍微动点心思还是能够成功逃税，国家每年的遗产收入最多也就 2 万亿日元。如果征税范围扩大的话，几乎所有人都想要逃税，所以税收收入并不会增加。

日本国民拥有 1700 万亿日元的个人金融资产，除此之外还有房子、土地、汽车等非金融资产。而且这笔金融资产中的大部分都是 65 岁以上老年人持有的，等到他们离世的时候，这些资产中上缴给国家的就只有 2 万亿日元遗产税。不得不说，日本政府也未免太失策了。

对此我提议政府应该修改相关政策，让国民能更加自由地决定如何分配自己的财产。

日本现行法律规定，只有配偶、子女和兄弟姐妹才能继承财产。难道所有人都希望把财产留给自己的妻子和子女吗？我看也未必。

有人希望自己离世后将自己的遗体火葬，然后庄重地与祖先葬在一起；同样，也有人在脑死亡或是心脏停止的情况下，希望将自己的器官捐献给那些等待器官移植的人，或者将自己的遗体捐献给医学院，为医学教育做出贡献。财产处置也是同样的道理。

微软创始人比尔·盖茨在2000年成立了比尔及梅琳达·盖茨基金会，旨在应对全球贫困和疾病问题。据了解，比尔·盖茨将95%的财产都捐献给了这一基金会。

Facebook的CEO马克·扎克伯格在其女儿出生时，在自己的Facebook上宣布将捐出其99%的Facebook股份，用于儿童公益事业。

我相信在日本肯定也有很多人和他们一样，热切希望将自己的财产有效利用，造福全球人民和下一代。因此，对于那些希望将自己的财产捐献给社会的人们，国家应该尊重他们的想法。

同时，政府应该告知老年人，让他们知道日本的国家债务已经进入"深水区"，想要挽救日本就要尽可能地将自己的财产贡献给国家。如果我是日本首相，我一定会每天向国民进行类似内容的演说，敦促国民贡献自己的财产。

日本最大的威胁并不是其他国家，而是1300万亿日元的国家债务。若一直放任不管的话，不久的将来，日本很可能将面临偿还不了债务的困境。到那时候，受害的就是年轻一代。然而，欠下债务的并不是年轻一代，而是我们这代人。那些已经退休、开始安享晚年的老年人正在享受着债务带来的恩惠，而巨额的债务都将留给下一代人。这种做法合理吗？自己欠下的债务在自己这代处理好，不给后代留祸害，这才是日本人该有的传统美德吧。

若是老年人同意我的观点，那么就请把财产的2/3贡献给国家，政府将这些钱全部用于偿还国债，一日元都不会浪费。

事实上，现在的老年人享受到的福利远远大于他们之前几十年缴纳的税金和社会保险费。所以，若是老年人最后不把财产交给国家用来偿还债务的话，那么国家的收支就会不平衡。

对于这些愿意贡献出自己财产的老年人，政府可以制定一些奖励政策。例如，若国民到了60岁时宣布将财产的2/3贡献给国家，那么政府可以免征这些人的个人所得税；若65岁时宣布贡献财产，则免除一半的个人所得税。像这样政府制定一些奖励政策，就会有越来越多的人愿意将部分财产贡献给国家。此外，政府还应附加一项规定，即国民到了75岁依然能够重新处置自己的财产。

没有钱就出力，为国家削减支出

有些老年人会想："我也不想把债务留给下一代人。但是与那些富裕的老年人不同，我们没有年金很难维持生计，是不可能不要年金的。"

对于这部分老年人，若是想为国家偿还债务做贡献，也是能做些什么的。虽然没有钱，但应该会有很多时间，这些老年人就可以贡献出自己的时间去做志愿活动。例如，退休的人可以去公立学校当志愿教师，这样一来国家就可以减少职业教师人数，从而控制财政支出。而且在我看来，这些人都是在各个领域里沉淀多年的专业人才，由这些人来直接授课，教育质量也会大大提升。

此外，在政府机关公务繁忙时，政府可以允许老年人去志愿帮忙。通常政府机关为应对公务繁忙会雇用较多劳动力，这样很容易造成人员过剩。所以，在机关单位公务繁忙时，若是能让老年人去志愿帮忙，那么公务员的人事费用就会立刻减少。老年人通过贡献自己的时间，让相应领域的财政支出减少一些，那么国家的债务相继也会减少。

但是，若单纯呼吁国民参与志愿活动，国民是不会轻易行动起来的。因此，政府可以设立相关奖励机制，比如根据参与的事项和贡献的程度，为志愿活动规定相应的分数，积攒到一定分数的人可以免缴个人所得税。

老年人齐心协力，国家的债务就能还清

若是国民接受了上述政策，老年人也会心甘情愿地把钱还给国家，而且在此之前需要靠国家财政支出来维持的岗位，此后都是志愿服务的老年人，这样一来国家的债务就会减少。日本1700万亿日元的个人金融资产中，大部分都是由65岁以上的老年人持有的，而且65岁以上的老年人高达3500万人，占日本总人口的1/4。

同时，上文中提出的这几项政策也能体现出日本经济转向良好态势，这样一来也能够稳住资本市场。

"随着少子化现象的加剧，日本的劳动力人口将逐渐减少，到那时日本将无力偿还巨额的债务，国债就会变成一堆废纸。"一旦有人产生这种想法，便会开启大量抛售国债的"闸门"，其他投资家因为害怕自己吃亏，也一定会见状跟风，开始抛售国债，这样一来势必会导致国债暴跌。

但是，不论债务多么庞大，若是国家立志要还清债务，而

且能够清晰地告诉国民还清债务的计划，那么就不会发生这种情况。

日本经济持续低迷已经有25年了，但是失业率仍然是3%，并没有太大的波动，这明显是不符合常理的。只要老年人将自己的财产贡献出来用于偿还国债，并率先去做志愿活动，日本就一定能够避免拖欠债务的风险。再加上前面提到的用资产税代替遗产税这一措施，日本的债务就能早日还清。考虑到资产即使就那么放着，每年照样要上缴1%的税金，越来越多的人就会选择消费。这样一来经济就会好转，若是名义GDP达到600万亿日元，日本就不会陷入债务拖欠的危机。

"沿着这条道路奋力向前！"如此继续推行安倍经济学的话，日本经济是不会好转的，国家债务也不会减少，反而会不停地增长。

到那时，恐怕日本政府和财务省也要颁布"德政令"⊖，强制没收国民的金融财产用来偿还国家债

⊖ 德政令是最早于永仁五年（1297年）镰仓幕府出于救济御家人的目的而发布的法令。法令规定：御家人不得将领地出卖或典当给非御家人，非御家人已经取得的御家人领地必须无偿返还，幕府不再受理与御家人借贷相关的诉讼纠纷。——译者注

务。想必谁都不愿用如此残暴的方式来偿还债务。比起颁布"德政令",我认为绝大多数人还是自愿想替国家还债,不想给下一代人留下债务。因此,我认为这些政策绝对不是画饼充饥,一定能够带来实质的效果。

用零基预算㊀对人员进行重新配置

然而,要想让老年人积极地贡献出自己的财产和时间,国家和地方自治体必须做更多的工作,否则国民就会认为,"即使把钱捐出去也是进了政府人员的腰包""和纳税一样,就是白扔钱"。他们会觉得自己被当成傻瓜,这样一来国民肯定不愿意贡献自己的财产。

关于这一点,我一直以来都提倡实行"小政府"主义,即为了控制政府开支,精简政府机构和人员。拥有130万人口的爱沙尼亚,就通过利用信息通信技术(ICT)实现了"小政府"的目标,我与日本的50位高管都目睹了爱沙尼亚这次成功的改革。

㊀ 零基预算(zero-base budgeting)是指在编制成本费用预算时,不考虑以往会计期间所发生的费用项目或费用数额,而是以所有的预算支出为零作为出发点,一切从实际需要与可能出发,逐项审议预算期内各项费用的内容及其开支标准是否合理,在综合平衡的基础上编制费用预算的一种方法。——译者注

在爱沙尼亚，国民只要有网络和手机就能随时随地办理各种事务，如办理各种证书、选举投票、旁听议会和内阁会议，以及监督议员个人财产状况等，甚至账户决算业务和缴纳税款也无须去窗口办理，可以利用信息通信技术在网上办理。

若是日本政府也能像爱沙尼亚一样，日本的政府人员就能大幅度减少。爱沙尼亚能够做到的，相信日本也能做到。

日本的企业也是如此，在一人能够胜任的岗位上安置两人甚至三人。这种情况在日本企业中比比皆是，但最甚的还是政府机构的人员过剩问题。

而另一边，护理和餐饮等行业的劳动力严重不足，已经成为社会问题，而且日本的许多行业都面临劳动力不足问题。因此，日本政府应该像北欧、德国那样实施"放宽解雇限制，促进二次雇用教育"的政策，基于零基预算对整个日本进行人员的重新配置。

此外，政府人员的工作效率还有很大的提升空间。例如，在日本企业经常能看到这种情况，部长或课长在办公室接电话，部下在一旁帮忙记录。对于这种现象，日本政府应明令禁止，并对白领阶层的工作进行详细划分，制定作业人员的标准作业程序（SOP），让那些高收入的人群完成相应价值的工作。

此外，政府还需促进信息技术的发展，对于那些用电脑和手机就能够解决的工作，不再投放人力。这样就能避免不必要的浪费，公务员的生产力以及企业商务人士的生产力都能大幅度提升。

世界各国普遍认为老年人应由国家赡养

老年人担心的不仅仅是经济方面的问题，对于大多数的老年人来说，健康也是让他们感到不安的一个原因。在世的时候一直健健康康，而后寿终正寝，这种情况当然是最好的。然而，不可能每个人都能这样。不管平时怎么注意养生，随着年龄增长，老年人都有可能会卧床不起或者患上老年痴呆症。患上这些病以后，无论如何都需要别人看护照顾。

在过去，看护老年人是子女的责任。而现在的日本，大多数人还是希望年纪大了以后由子女照顾，最后在自己的家里离世。

然而，世界各国的普遍想法却并非如此。例如，在北欧那些高度发达的福利国家，照顾老年人的责任是由国家来承担的，这已经形成了社会共识。我曾经考察走访过欧洲的一些国家，在瑞典、丹麦、芬兰等国家，都有一套完善的体系和设施用来看护老年人。我也采访过这些国家的一些国民，他们几乎没有人是在家里进行看护的。

并不是说国家看护与家庭看护这两种方式孰好孰坏，但是日本的家庭看护确实存在一些问题。

据说日本有10万甚至30万人由于需要照顾老人而辞去工作。看护老人是看不到尽头的，牺牲自己的生活和工作，整天照顾老人的饮食起居，不管是多么亲近的家人也会有压力。由于看护是重度消耗体力的活，家庭中也会因由谁来照顾而产生矛盾。

作为被看护的老人自然知道这一点，所以如前文所述，越来越多的日本老年人想通过财产继承来牵制子女们，确保子女对其进行看护。这真是一件可悲的事。

我认为日本也应该学习北欧国家的做法，由

国家代替家庭对老人进行看护，但这需要充足的护理人员和完善的养老基础设施。

2009年3月，日本群马县涉川市一所名为"田间优良静养院"的养老院发生火灾，事故造成养老院内10名老人死亡。这10名老人中大部分来自东京都墨田区，通过墨田区的介绍入住了这所养老院。据了解，这所养老院常年人手不足，到夜间通常只有一名护理人员。

为什么墨田区的老人只能选择距离遥远的群马县的养老院呢？这是因为在墨田区甚至是东京都没有可以收容这些老人的福利机构。特别养护老人之家⊖一直没有投入使用，而收费的养老院又由于价格昂贵负担不起，因此区内的工作人员不得已只能介绍其他地区的养老院。现在的日本，护理人员和基础设施依然处于极度短缺状态，并未发生任何变化。

接收移民护理人员

那么，该如何解决护理人员短缺这一问题呢？

首先，要确保有足够的护理人员。据日本厚生劳动省曾公

⊖ 特别养护老人之家，是日本的一种公立运营的护理设施，其运营主体中有社会福祉法人及地方公共团体等。——译者注

布的推算数值显示，到 2025 年，日本护理行业的全国需求量为 253 万人，实际从业人员为 215 万人，人员缺口将达 38 万人。

一方面少子老龄化造成日本国内劳动人口骤减，再加上国民对护理行业低收入、重劳力的固有印象，从事这一行业的人员越来越少。通过提高工资水平和改善职场环境等措施或许能够使其有所改善，但也只是杯水车薪。

我认为可以采取接受移民的方式来解决这一问题。例如，接受菲律宾、印度尼西亚、泰国等国家持有养老护理员资格证的移民。

实际上，日本在 2008 年就从印度尼西亚接收护士及候补养老护理员的移民，在之后的 2009～2014 年又分别从菲律宾和越南接收护士及候补养老护理员移民。截至 2016 年 9 月，从上述三个国家进入日本的移民护理人员接近 4000 人。但是，其中大部分人并没有在日本就业就回国了。

这些护理人员需先接受为期 6 个月的日语培训及护理基础课程，之后去养老机构实习。护士需 3 年内通过日本国家考试，养老护理员需 4 年内通过国家考试，那些又回到自己国家的人员就是因为没有通过考试。这绝不代表这些护理人员的能力不够，他们中的大部分人既有体力，也有学习能力及现场实践能力，而无法通过考试的原因是日语水平不够。

我曾经看过养老护理员的国家考试题目，有些题目要求书写的文字即使是日本人也未必会写，这对于来日时间不长的外国人来说未免也太难了。这难免会让人怀疑，日本政府根本就没打算让这些护理人员通过考试。

实际上，在这些养老机构里，外来人员只要懂一些基本的日语表达就能无障碍地沟通。因此，厚生劳动省应该出一套专门针对外国护理人员的试卷，试题内容符合具体工作需求即可；或者政府可以制定临时许可制度，给予外国护理人员3～5年的时间，让他们在积累业务经验的同时有一个学习日语的语言环境。对于最终通过考试的人，日本政府给予其绿卡，让他们得以永居日本。

有人会觉得让外国人做护理这种繁重的体力活是一种歧视，但是我并不这么认为。例如，菲律宾政府就在积极推进人才输出政策，在其政府官网上罗列了一些可供其他国家引进的人才，如养老护理员、护士、厨师、家政服务人员等。日本接受这些移民的护理人员，正与菲律宾政府的政策相契合。

而且，日本政府也并没有差别对待这些外国的护理人员，而是为他们提供了与日本国民一样的工作待遇。

在外国建造养老设施

现在的日本仍然处于养老设施不足的状态，今后随着老年人口的不断增加，养老设施将会越来越短缺，因在地价昂贵的日本想要建造充足的养老设施是十分困难的。因此，我提议在国外建造养老设施。

在泰国清迈，有一家德国人经营的养老院，主要面向需要看护的老年人。我之前去参观学习的时候，还看到过那里还有来自德国、瑞士、瑞典的老年人入住。

在日本的养老院里，一名护理人员照顾四五名老人的情况是很常见的。但是在这家养老院，老人一入住就配备三名当地的女性护理人员，并实行三班轮班制，8个小时一班，为老人提供饮食、散步、洗浴、排便等全面的看护，而且护理人员对每项服务都十分耐心尽责。

　　这里的护理人员会一直陪伴老人，吃饭的时候会协助老人进食，中午散步后还会陪同老人画画或者一起读书。虽然是用泰语交流，但是由于大部分老人都患有痴呆症，所以并不影响沟通。最让我感到惊讶的是夜间看护，这里的护理人员和老人是睡在同一间屋子的两张床上的，这样老人晚上需要方便的话就可以及时帮助他们。

　　来自德国和瑞典的老人家属们看到这些都觉得十分安心。护理费每月约12万日元，是瑞士和德国养老金的一半，而且这12万日元包含伙食费、医疗费、人工费等所有费用。

　　看到如此情形，不得不说日本也应该在地价和人工费都相对便宜的国外建造养老设施。很多的日本老年人担心自己与医护人员存在语言障碍，我们可以设立配套的医院并派遣日本的医生过去。

　　按照清迈养老设施的规模，只要2000万日元就可以建造一所养老院。而且，日本老年人的年金完全够支付入院费。

　　也许很多人不忍心让年迈的父母独自一人待在国外的养老院。对于这部分人，我建议他们可以像我一样去清迈的养老机构实地考察一下，亲自确认一下清迈养老院和日本养老院哪一个更人性化。

还有一些人会担心日本人去国外建造养老院会给当地人添麻烦,这个担心也是多余的。泰国和马来西亚为了发展养老产业,积极接收外国的老年人去当地养老,印度尼西亚和菲律宾也有此想法。

看护老人的出发点应该是考虑如何能让年迈的父母得到更细心的照顾,而不是一定要依靠亲人来看护。只有看清这一本质才能更好地解决问题。

日本需执行绿卡制度

在日本,人才短缺现象并不只存在于护理行业,建筑业、渔业等行业也同样存在严重的人才短缺问题。

随着少子老龄化现象的加剧,今后日本15～64岁的劳动人口无疑会大幅减少。如果不填补劳动人口的空缺,国内生产总值相应也会下降。也就是说,如果劳动人口继续减少下去,日本将会走上衰退的道路。

日本要避免国力衰退，就只能依靠移民来填补劳动人口的空缺。事实上，日本政府迫于各行业人才短缺的压力，至今已多次接收大批移民。第一次是在20世纪80年代后半期的泡沫经济时期，当时日本政府为了填补建筑业和食品零售业的人手不足，接收过一批移民。但是，这次移民并没有留住人才，其中的原因包括日本政府没有做好接受移民的充分准备，国外移民也不适应日本的生活环境，所以在泡沫经济破裂后，大多数移民都离开了日本。

第二次是在20世纪90年代，日本政府决定给予无日本国籍的日裔外国人侨居日本的资格。为了响应日本政府的政策，巴西、秘鲁、智利等国众多的日裔外国人纷纷来日就业。当然，虽说是日裔外国人，但是这些人既不会说日语，也不精通日本的文化习俗。而且，来日就业的日裔外国人中，有很多人是通过非正当渠道获得来日签证的。

此外，虽然日本国民看起来很欢迎这些日裔外国人，但实际上仅仅把这些外国人当成廉价劳动力。整个日本的"表里不一"导致很多人在数年后选择回国了，而那些留下的日裔外国人与日本当地人之间也经常产生矛盾。

进入21世纪，日本陷入了通货紧缩，各行业呼吁接受移民的声音也逐渐消失。相反，日本国民中出现了不少像前东京都知事石原慎太郎那样反对移民政策的人。石原慎太郎曾屡次在公众场合发表意见，认为"接收移民会增加犯罪率""难道要全日本都变成新大久保㊀那种地方吗"。虽然现在的日本政府打算推出"一年接收20万移民"的政策，但是反对派以移民会导致治安恶化及工资水平下降为由，一直持反对意见。如今关于是否接收移民的讨论也销声匿迹了。

但是，如果是为日本的将来考虑，日本政府就必须接受移民。放眼国外，卢森堡的国民中有40%以上是移民，瑞士的移民也占20%左右。这些国家接收移民，并不是因为想让移民去做本国国民不想做的工作，它们引进的移民都是优秀的人才。经济合作与发展组织（OECD）成员中移民比例最小的国家是墨西哥，这是因为外国移民都会选择去美国工作，几乎没有人会移民去墨西哥。对于大多数想移民的人来说，除了美国，第二个选择就是日本。但是在日本这样富裕的发达国家，移民人数只占了1%，这在全球范围内都是罕见的。

㊀ 新大久保，位于日本东京都新宿区百人町，被称为"小韩国城"，是日本韩流文化的盛行之地。——译者注

仅仅因为劳动力不足就接收移民，只会重蹈20世纪八九十年代的覆辙。移民政策靠临阵磨枪是万万行不通的，而是需要认真研究，让外国移民在日本能够像日本国民一样生活才是最重要的。

因此，我建议日本政府采取"日本绿卡"制度。

对于那些在自己国家接受了基础教育，并且有意向来日本工作的外国人，日本政府负责出资，让这些人在日本的专科学校学习两年，除了日语之外，还教授法律、文化、社会习俗等，为他们能够在日本生活打下良好的基础。

同时，日本政府还要制定考试制度，给通过考试的外国人发绿卡。绿卡是没有日本国籍的外国人可以在日本永久居住的凭证。此外，政府应允许有绿卡的外国人在日本国内自由就业。

如果日本实行绿卡制度，就算是外国人也不会受到不平等对待，而且由于这些外国人都具备日语能力，雇主也会安心用人。

如果日本因采用绿卡制度而受到世界各国的关注，到那时肯定会有国家效仿日本也实行绿卡制度。

提高出生率困难重重

有人认为只要提高出生率就没必要接收移民。但是，要想维持目前的人口数量，合计特殊出生率⊖需达到2.0，那么政府就要拿出GDP的3%用于这件事。

纵观全球，合计特殊出生率达到2.0左右的发达国家只有法国和瑞典，为此政府也花费了相应的国家预算。

而且，法国和瑞典早在30年前就废除了户籍制度。在法国，不管父母有没有结婚，只要婴儿的母亲是法国人，那么这个婴儿在出生的时候就成了法国国民。国家还会给予补助，即使未婚生子，孩子也不会受到不公平待遇，因此法国的女性会很放心地生孩子。

但在日本，解决少子化对策的政府预算只占了GDP的不到1%。此外，虽说法律是平等的，但事实上当今的日本社会仍歧视非婚生子女。而且，现在的日本年轻人因为不想负担额外的压力，很多人选择不恋爱也不结婚。

因此，日本只有摒弃这种以"家"为单位的户籍制度，才有可能大幅度提高出生率。所以，今后日本想要确保充足的劳动力，只能依靠移民。

⊖ 合计特殊出生率，是人口计算过程中的一个指标，是指育龄期女性（15～49岁）所生子女数量的平均数。——译者注

一个"天才"可以带动整个地区的发展

可能有人会觉得这个标题和"对老年生活感到不安"这一问题没什么关系。事实上我想探讨的是"地区"和"教育"这两个问题,这两者都是会对日本未来有着重大影响的课题。

首先,关于"地区"这一问题,一言概之,地区关系到能否吸引来自世界各地的劳动力、资金、企业和信息。例如,"吸引外国人入境"这一概念比较容易理解。如今,日本各地区的旅游景点都十分受外国游客青睐,今后访日的外国游客应该也会越来越多。

可能有人会说,"可是我们市区没有旅游景点"。这种情况也无须悲观,有时候只要一个想法就能吸引外国游客。例如,富士山静冈机场刚开始只有布谷鸟"光临",自从静冈县知事川胜平太访问中国时表示"只要中国游客降落在富士山静冈机场,并且在静冈住一晚,就奖励 5 万日元"后,静冈机场的中国游客就不断增多。2015 年有超过 20 多万的中国游客降落在富士山静冈机场,这一经济效果带来的收益应该足够支付每人 5 万日元的费用。

随着信息技术和通信技术的快速发展,想要向外国人展现自己地区的魅力变得越来越容易,而且会有很多种方法。

另外，当地的产品除了能在本国出售外，还能通过跨境电子商务系统出口到国外，很可能还会形成一大产业。

可能有人会质疑，区区一个小区域不可能实现如此大的发展。但意大利却拥有1500多个具备国际竞争力的城镇和乡村。我也实地考察过这些地方，这些地区大部分的生产总值都能达到1500亿日元。虽然人口只有数千人，但通过兴办世界通用的产业，实现高度发展的可能性非常大。

地区发展的关键在于要制造出一个世界第一的产品，并将其品牌化，掌握定价权。如果掌握了这个规则，那么不管是袋子的金属扣也好，腰带的卡扣也好，都能形成一种产业。

特别是在意大利，地区城市的企业以其优秀的设计能力，成功脱颖而出成长为优秀的品牌。然而，日本企业的设计能力却比较薄弱。

日本福井县鲭江市生产的眼镜框，在日本的地方城市中是不多见的优质产品，其品质在其他国家也有很高的口碑。然而遗憾的是，其主要生产模式是OEM生产。由于没有设计能力，所以只能依靠阿玛尼等名牌的品牌效力。如果日本的小企业能够意识到消费者比起品质更看重品牌，从而在设计上花心思，那么一定会有更大的发展。

不管是吸引外国人入境还是创造世界名牌，地区发展的关键在于"人"。一个地区"横空出世"一名天才，整个地区都能得到发展。这种现象在世界范围内经常发生。

例如，迈克尔·戴尔生产出了全新的商用笔记本电脑之后，得克萨斯州的整体环境都发生了巨大的改变；西雅图之所以能成为世界瞩目的城市，也是因为有比尔·盖茨这个天才人物；像新加坡那样能源稀缺且国土面积极小的国家能有今天的地位，也是因为有像李光耀这样杰出的领导人。

日本人生来自带改变现状的基因

如上所述，一个地区内只要诞生一位兼具野心和才能的政治领导人或创业家，就能带动整个地区的发展。那么如何能培养出这样的人才呢？关键在于教育。

然而遗憾的是，现在的日本国民好像被削弱了气势一般缺乏动力，说得好听点称为"草食系"。

而且，他们还觉得这是正常的状态，没有什么问题。所以，看到孙正义这样事业心较强的人,他们也并不羡慕,也不会想要成为这样的人,反而会给孙正义这类人贴上"异类"的标签,认为他们是拥有特质的人,与自己本来就不是一个世界的人。如今的日本人就这样不采取任何行动,认为维持现状就很好。

但是,日本人并不是生来就是这样的。像松下幸之助、本田宗一郎、盛田昭夫、川上源一,他们无一不是从"二战"后的废墟中站起来的。他们勇敢地闯出国门,历经千辛万苦打造出一个个世界名牌。他们都是心怀抱负的经营者。

当时的日本,在音乐界和建筑界也出现了数位像小泽征尔和安藤忠雄这样的人才。他们年纪轻轻就离开日本远赴国外,开阔视野、不断学习,成为世界瞩目的优秀人才。

幕末时期,为了《日美修好通商条约》的签订,当时的日本涌现出一批像盛海舟、福泽谕吉这样乘坐咸临丸㊀军舰远赴美国谈判的年轻人。

㊀ 咸临丸,幕末时期江户幕府拥有的一艘初级军舰,它配备三桅帆的蒸汽船,是继观光丸(外轮船)之后的第二艘装备有西式螺旋桨的初级军舰。——译者注

可以说，日本可以在短时间内实现从封建国家向近代化国家的转变，与这些远赴海外的日本人有着巨大关系。这些人在国外学习了许多先进的思想，回国后成为明治政府的核心力量，并担任重要的职位。

同样影响历史的人物还有幕末时期的权臣——井伊直弼。当时是由井伊直弼直接挑选可以乘坐咸临丸军舰远赴海外的人才。井伊直弼未经天皇批准擅自与他国进行交流，同时镇压了100多名反对他的大名、公卿、幕臣、藩士等势力，史称"安政大狱事件"。井伊直弼也因此遭到尊王攘夷派势力的憎恨，在樱田门外被水户藩激进浪士暗杀，当场惨死。

井伊直弼的历史形象虽然不是个好人，但其开明的思想是绝对没有错的。井伊直弼认为日本与他国建交是必然趋势，建交之时需要能够在新政府中担任重要职务的有识之士。井伊直弼从通过全国大名收集的人才资料中挑选了一些精英，后将这些精英派遣到美国学习西洋文化，为即将到来的开国建交做准备。所以，被井伊直弼挑中、能够乘坐咸临丸军舰远赴美国的都是一些思想先进的年轻人。在我看来，井伊直弼才是明治维新最大的功臣。

所以说，日本人骨子里就有拼命学习新知识、勇敢改变现状的基因，但是这种基因被战后的学校教育改变了。

我认为剥夺日本人野心与干劲的是"偏差值"㊀。最初偏差值被引进并不是因为有利于教育，而是因为政治因素。

我采访过某位曾就任过日本首相的人。在1969年东京大学"安田讲堂事件"㊁之后，自民党政权极其担心会发生激进的学生运动，这成了日本政府引进偏差值的契机。

当时正值东西方冷战的高潮，如果这种不稳定的局面持续下去的话，日本国内可能会出现一些受苏联煽动的国民企图推翻现有政权。为了阻止这种事情发生，一开始就要遏制住危险的苗头。所以，日本政府引进"偏差值"这一概念，通过偏差值来将人进行划分，如"你的偏差值是55""你的偏差值是60"。

这样一来，每个人就都知道自己和平均值之

㊀ 偏差值是指相对平均值的偏差数值，是日本人对于学生智能、学力的一项计算公式值。偏差值反映的是每个人在所有考生中的水准顺位。在日本，偏差值被看作学习水平的正确反映，是评价学习能力的标准。偏差值通常以50为平均值，75为最高值，25为最低值。——译者注

㊁ "安田讲堂事件"发生在1969年1月18、19日。当时东京大学本乡校区遭全学共斗会议（全共斗）占据，之后被警视厅解决。此次事件也被称为"东大安田讲堂攻防战"。——译者注

间的差距。什么样的人就过什么样的人生。每个人一开始就知道自己的分量,也就不去奢望走向高处。当时的日本政府认为"偏差值"能够有效防止学生反对政府。

如此一来,日本人与生俱来的野心和冲劲儿就完全被磨灭了。偏差值低的学生会认为自己没有机会从事与国家重要决策相关的工作,将来最多是一名地区公务员或公司职员。就这样,年轻人自己限制了自己未来的一切可能性。

此外,偏差值低的人会认为,只有偏差值高的人才应该进入政府部门,他们肯定能比自己做出更好的决策,将决策权交给这些人才比较放心。正如自民党所期望的那样,偏差值让国民对于政府做出的决策都唯命是从。另一方面,那些偏差值高的人会认为自己已经很优秀了,已经拥有很好的想法了,于是他们也就维持现状,胸无大志。

政府每年应将 800 多亿日元"休眠存款"中的 10% 用于支持年轻人创业

日本的战后教育确实剥夺了日本人的雄心壮志。但是,如果战后的日本和美国一样,实行鼓励个性发展教育,那么日本的工业化和经济发展可能需要更长的时间。

从这个角度上来说，战后的日本为了符合工业化社会的需要，采取大批量"生产"人才的教育方式也是合理的。

工业化社会时期通过加工贸易实现国家发展，这一点并没有问题。问题在于，战后经济复苏之后，日本政府仍然实行工业化社会时期的教育方式来培育人才。

工业化国家的教育特征是，让学生将世界上某个国家的某个人提出的正确思想，全部一字不差地背诵下来。日本现在还采用这种传统的教育方式，学校将文部科学省编制的《学习指导要领解说书》中的答案教给学生，再通过考试来检查学生能否写出这些答案。

但是，进入21世纪，只要有一台智能手机就能知晓天下事，真正重要的答案反而无处可查，必须通过自己的思考得出。日本教育模式的前提是"有确切的答案"，但是当今时代很多事情都是没有答案的。日本教育要想适应这样的时代，改革迫在眉睫。

关于教育改革，我在《生·死：日本的迷惘与绝望》（朝日新闻出版社）一书中做过详细解说，但是直到现在也没看到政府有任何的行动。我在 20 年前就建立了培育创业家的学校，近期又开始经营自己的大学和研究生院，旨在培养在世界各国都能有所作为的人才。

在这里，我还想提出支持年轻人创业的想法。日本每年都有 800 多亿日元的"休眠存款"（10 年以上没有存取交易的账户），政府应该拿出这些账户的一部分来成立基金，用于支持年轻人创业。

如果有 80 亿日元的投资基金，那么肯定有人会尝试创业。与其通过口头的鼓励来调动这些人的积极性，不如为这些人营造一个创业的环境，这更重要。

提高容积率是不花费税收的最佳经济刺激政策

提到"休眠"，我想在本章的最后分析一下日本尚未投入使用的土地。

生产三要素是劳动力、资本、土地。对于少子老龄化不断加剧的日本，如果不大胆地实施移民政策，今后劳动力一定不会增加。对于资本要素，如果仅看数字的话，日本的个人金融资产高达 1700 万亿日元，企业内部储备资金是 350 万亿日元，看起来整个日本的资产好像是十分充足的。但是，个人金融资产的大部分都以定期或活期的方式存在银行，并没有得到有效使用，企业也因为找不到投资方向而把资金留在手中。

因此，我比较关注的是土地要素。事实上，在日本能够投入使用的土地有很多，但是由于建筑面积系数（建筑面积与占地面积之比）和容积率（建筑物总面积与地基面积之比）等不合理的规定，很多土地都没有得到充分利用。

让我们来看一下东京都的容积率。除道路和公园之外的建筑区域，东京都的平均使用容积率23个区总计136%，山手线以内的区域也只有236%。

而与山手线围起来的区域面积大致相等的巴黎，容积率高达600%。在纽约市中心地区的曼哈顿，住宅区的容积率高达630%，住宅区与商业区中间位置的容积率高达1400%。也就是说，要达到与巴黎一样的容积率，东京的容积率应该是现在的两倍；要想达到纽约的水准，建筑物的所有面积应该是现在的五六倍。不动产的市场价值取决于可租赁空间的大小。容积率达到400%，使用面积总和（建筑物各层的使用面积）将会增大四倍；容积率达到800%，使用面积将增加八倍。也就是说，容积率决定着土地创造的价值。

然而，东京的容积率无法提高到与巴黎和纽约同等水平，其原因并不在于东京本身。在日本，容积率是由国土交通省权衡决定的，并不是在严格地勘测了安全性之后决定的。为什么这么说呢？大阪市中之岛的容积率是1000%，但位于大阪中之岛的朝日新闻大阪总部大楼的容积率却高达1600%，整整超出了600%。显然这是政府人员随意决定的。

我认为政府应该将安全性作为决定容积率的唯一标准。如今建筑材料与工程技术都有了很大的进步，政府应该严格测定用什么样的施工技术能够达到什么样的安全效果，然后在此基础上决定容积率的大小。若采用这种方式来决定容积率，日本建筑物的容积率应该会比现在有所增加。容积率有所增加就能创造出更多的价值。

另外，可以的话应该将容积率的决定权赋予地方自治体。地方自治体在决定容积率的时候，一方面要考虑安全性和展露地区景观，另一方面还要考虑能为地区带来多少经济利益。在国外，容积率和建筑面积系数也大都是由州和地区自己来决定的。

提高容积率的益处在于，无须花费税收就可以刺激经济的发展。2016年8月，安倍政府在内阁会议上通过了规模为28.1万亿日元的经济对策——"实现向未来投资的经济对策"。这些经济政策无一不让人质疑，我认为这些政策都是让下一代负债的经济政策。安倍政府的经济政策与我提出的建议，哪一个更有利于消除老年人对老年生活的不安感，更有利于日本的经济，想必已经很明显了。

・解决问题篇・个人・

第 3 章

按照此方法，即使经济衰退，国民作为个体也能够安然生活

能够享受人生的"财产＆人生计划"的制订方法

之所以老年人对老年资产感到不安,是因为没有制作资产负债表

要想让老年人安心地消费,政府必须消除掉他们对"关键时刻"的恐惧心理。因此,针对这一心理,日本政府应该提供心理咨询服务或是培养这方面的专家。

第 2 章已经提到过,老年人自己就能消除对"关键时刻"的不安感,无须依靠国家和他人。

"步入老年后,到底有多少钱才足够呢?"

不管是老年人还是年轻人都只想知道这个答案,这就是如今日本国民的心理。

假如我回答说:"2000 万日元就足够。"一般情况下,国民的反应应该是,"好的,存款全部加起来差不多足够,剩下的就放心地花吧。"

然而，他们还是会想："万一得了大病怎么办呢？""要是不留些钱，子女们可能就不会照顾我了。"结果所有的人都担心关键时刻没有钱，于是想做的事忍着不去做。一边想着必须要做点什么充实生活，一边什么也不做，拼命存钱直到离世。

若是你想从这样的生活中逃离出来，那么建议你现在马上拿出纸和计算器制作自己的资产负债表，确认自己的资产状况。想知道有多少存款才能足够，不用问别人，自己认真算一下就会有答案。

首先，拿出一张白纸，在中间画一条线，在左侧写下自己的资产，如存储款、储蓄型保险、股票、投资信托和不动产等，并根据时价写出评估金额；在右侧详细列出负债情况，如借款、剩余的房贷等。这样分别算出资产额和负债额，这两项的差额就是你的"净资产"。

事实上主要的负债就是住房贷款，而现在大部分老年人都已经还完了。此外，与住房贷款一样属开销大头的还有子女的养育费用和教育费用。大部分老年人也都没有了这两项支出，因为子女们大都已经成家立业。因此，这样算下来，大多数的老年人净资产都能为正。

在此基础之上再加上年金，可以说老年人的资产是相当雄厚的。前文中已经提到，现在的日本老年人是"年金取胜的一代"。他们能够得到稳定的年金，而且没有了住房贷款和子女教育费用的负担，仅凭年金维持夫妇二人生活完全没有问题。从平均值来看，老年人年金的三成都是用于储蓄。

这样一来，资产负债表中的净资产就是能够随意使用的剩余资金了。此前老年人总是担心"关键时刻没有钱"，现在应该会开心地发现，"这不就是有意外的盈余嘛"。

当然，最理想的情况还是下文所述的那样，在职的时候就掌握再生钱的技能，等到退休后也能够确保收入来源，这样一来就能够无所顾忌地消费了。现在，大部分的老年人都有着很可观的资产，即使他们不再赚钱也花不完。

如果一个老年人在65岁的时候拥有3000万日元的净资产，那么到他85岁这20年要想花光这些积蓄，每年花150万日元才能够正好花完。那么要想每年花费150万日元，只去附近的温泉旅行显然是不行的，夫妇二人需要在每年夏天和冬天都去欧洲等海外旅行才能花完这些钱。老年人真正应该烦恼的问题是"钱应该怎么花"。

这样消费下去，老年人肯定会担心"万一比预想的活得久不就麻烦了吗"。这点无须担心，因为只要活着就能领到年金，所以若是比预想的活得久，靠年金也足够维持日常生计。

若是担心生重病，老年人就需要提前买入保险。即使如今保险费有所上涨，但为了关键时刻保险能尽可能全部报销，老年人也要提前买保险。需要注意的是，年纪越大保险越难买。事实上这些保障就足够老年人安享晚年了，而现在大部分老年人给自己加有存款、年金、人寿保险三重保护，这是绝对没有必要的。

所以，老年人一定要在离世前把钱花光。这样一来，老年人就能够开心地享受第二次人生，国家也会变得充满活力。

从四五十岁就开始学习投资理财

对于50岁以下的这代人来说，很可能他们过不上那种"靠退休金和年金就能够悠哉悠哉地活到老"的老年生活。

照目前形势看，这代人即使到了四五十岁，收入也不会有大幅度增长。因此，国民到了四五十岁就应该马上学习投资理财。

首先，绝对不能将剩余资产作为普通存款随便存在银行或邮局里。存款是为了产生利息，若不能产生利息，就没什么意义。在日本，即使将100万日元存在银行一年，利息也不够吃一碗拉面。但是，日本国民却毫无怨言，将辛辛苦苦攒的200万亿日元存在银行。纵观全球，恐怕只有日本人会这样做。

那么国外是什么情况呢？一般情况下，国民都会将多余的资产用于投资而非储蓄，哪怕只有少量的资产，也希望将其投在高收益率的地方。这在其他国家是很普遍的现象。

其中最典型的国家是德国。若日本人和德国人在一起吃饭，那么日本人就要做好心理准备，因为会被问到日本企业相关的各种问题。很多德国人将日本企业的个别股纳入自己的投资对象中。在饭桌上，就连在座的德国夫人们都能说出日本企业的详细名称，还会问各种问题，真是令人惊奇。

说到投资欲望，美国人也毫不逊色。在美国，不仅是商人，就连普通的家庭主妇，平日里都在看专门面向投资家的报纸，如《投资者财经日报》（*IBD*），或者通过消费者新闻与商业频道（CNBC）这种专业频道关注纽约股票市场动态，真是毫不懈怠。

此外，在美国，国民使用 Quicken⊖这种个人财务管理软件来管理个人资产是很常见的事。他们通过这款软件管理自己的有价证券财产目录；此外，他们还能清楚地知道房屋、别墅等固定资产折旧等市场行情的详细情况，这样，在他们想卖掉房子等固定资产的时候就能够少付一些资产收益税。

美国人和日本人最大的不同就是对活期存款账户的使用方法。日本人的账户里转入工资或年金后，大部分的日本人都是淡定地让钱那样放着，而美国人的账户余额一般为零。

美国人将钱存到活期存款账户里，是因为月底的时候要缴纳公共事业费用或是分期还款，在这些费用划账之前，这些钱是必须要存在账户里的。因此，将这些钱存在利率低的活期存款里也是没有办法的事。但除此项预留资金外，哪怕是一点钱，美国人都想用来投资赚钱。与日本人喜

⊖ Quicken，Intuit 公司推出的个人理财软件，可管理个人及家庭的日常收支、银行卡、支票、信用卡和税务等财务信息，有着丰富的功能和简单快捷的操作。——译者注

欢储蓄的习惯不同，欧美大部分人都习惯于投资理财。

之前美国人的投资理财方式基本上都是购买基金，但如今利率不断下降，美国人开始投资不动产。近年来，越来越多的美国人贷款买入疗养地的别墅做投资用。

美国白领阶层的上班地点大部分集中在中西部和东北部，如纽约、芝加哥、克利夫兰、底特律等城市，这些地方都比较寒冷，所以大部分人想要在退休以后搬到温暖的阳光地带。

因此，大部分美国人在还没退休时，每逢暑假就举家从南卡罗来纳州出发到佛罗里达州附近旅行，去寻找最终想要居住的地方。希尔顿黑德岛、基拉戈、基韦斯特、代托纳海滩等这些日本人都知道的观光旅游胜地，都是美国人退休后的疗养备选地。

他们看上哪个地方就在那里买一幢别墅。虽然买下来了，但事实上自己居住的时间一年中最多也就只有两周左右，剩下的 50 周就登记在房屋管理公司，由管理公司进行租赁，收入的房租可以用来还房子的贷款。这样算下来，个人每年能收 4%的利息，大约 20 年就能还完房子贷款。在这期间，个人根本不用再付任何钱。

等到自己一退休就能把之前纽约、芝加哥等郊外的房子卖掉。一般情况下房子都会升值，所以之后卖出的价格肯定会比当时买入的价格要高。日本的房子越久越不值钱，但在美国，住户会经常修整房子周边的植被，街貌保存得比较完好，所以较好地段的老房子反而更加值钱。

在美国，退休后夫妇二人就能搬到别墅去住。此时贷款已经还清，20年前买入的房子在二三十年间价值翻倍，卖掉原来房子的钱也成了一笔积蓄。这样一来，老年生活就会很宽裕。和日本人比起来，美国人的存款很少，但投资房子也相当于另一种存款。

而且，老年时居住的别墅大都在阳光地带的观光地，儿孙们也会经常去拜访，所以老年人也不会感到寂寞。像这样通过投资来充实自己的老年生活就是美国人的生活方式。

与其投资股票，不如做风险投资来支持年轻创业家

现在很多理财规划师都建议商人投资股票，我并不赞同。投资股票确实在美国很流行，甚至

还有不少上班族在退休后集中学习股票知识。

然而，如今日本的股市已经变成了政府的股市。日本政府养老投资基金（GPIF）和日本银行这两头"巨鲸"，大量买入交易所交易基金（ETF）和日本国内股票，所以我并不看好个人投资股票。即使个人有可以拿来投资股票的资金，也不是"巨鲸"的对手。

若不是买个别股，而是买指数基金的话，即使赚些钱也没有什么了不起。

对于那些有很多剩余资金的退休人士来说，若是想投资，或许风险投资会更有意思。从通用电气（GE）和 IBM 退休的人当中，很多人都得益于"401K 计划"⊖，从而特别富有。就拿通用电气来说，在杰克·韦尔奇担任总裁的 18 年间，通用电气的股价涨了三倍。通用电气的"401K 计划"中，自己公司的股票占一半左右，所以员工在退休后就能拿到一大笔钱。

那么这些员工如何处理这笔钱呢？大部分人用这笔钱来做风险投资，支持一些他们认为有潜力的企业。而且他们不只出钱，自己还担任企业董事会的成员参与经营。例如，在 IBM 工作了 20 多年的老员工或通用电气原某部长，这些人基于自己丰

⊖ 401K 计划始于 20 世纪 80 年代初，是一种由雇员、雇主共同缴费建立起来的完全基金式的养老保险制度，是指美国 1978 年《国内税收法》新增的第 401 条第 K 项条款的规定。——译者注

富的经验，为年轻创业家提出宝贵的建议，这在很大程度上能促进新兴企业的发展。反过来，这些退休人员也能从年轻创业家身上学到新的东西，让自己紧跟时代步伐。这样一来，企业不仅能快速且健康地发展，投资金额也能够数倍、数十倍、数百倍地上涨。到那时，那些当初把钱投入这些企业的人们简直要笑得合不拢嘴了。

日本的风险企业大都是由年轻人建立的，形势好的时候还好，但一旦出现问题，"企业"马上就会"空中解体"。因此，日本也应该像美国那样，让退休人员加入到新兴企业，这才是既有深度又有广度、真正强大的风险投资。

虽然是退休人员，但若越来越多的退休人员加入到年轻人的队伍中，共同为社会创造价值，那么日本经济肯定会恢复活力。我十分期待这一天的到来。

自己掌握"再生钱的技能"

处于中年的人们同样也对老年生活感到不安。

他们不想着如何赚大钱，日常生活基本上都依赖永旺和三井购物中心。即便从 30 岁就开始拼命攒钱，只依靠储蓄，资产也不会增多，而且一旦通货膨胀，货币马上就会贬值。即便有一笔存款能够保证老年生活，但是由于担心存款会减少，也不敢随心所欲去消费，最终还是不能安心享受生活。这样下去，现在的年轻人将来还是会重蹈当下老年人的覆辙。

要想老年不用担心钱的问题，随心所欲地去做自己想做的事，最后欣慰地离开人世，关键在于年轻时候就要为老年生活制订计划。考虑这件事的最佳时机是在自己 40 岁左右的时候。

一个人若能够活到 80 岁，那么 40 岁就是一个转折点。站在 40 岁的节点上，一边回顾自己的前半生，一边开始为 60 岁或 65 岁以后的生活做准备，正是最佳时期。

对于日本国民而言，首先要从之前那种辛勤工作和储蓄的洗脑教育中解放出来。一般来讲，年纪越大想法越难改变。要是想着等到退休后再改变想法和价值观，那就太晚了。所以说，40 岁是改变想法、重新规划人生的最后机会。

一般来讲，一个人过了 40 多岁，也差不多可以知道自己将来能否在现在任职的公司当上社长。若是预计自己能当上社长，那么就放手去拼搏，全心投入工作，最后肯定会有不错的发展。此外，这些有望当上社长的人还应该经常思考当上社长后要如何经营公司等这些问题,以备自己真正当上社长后能快速适应。

若对于那些认为自己今后无论怎么努力也当不了社长的人来说,就应该与自己之前的人生告一段落,然后改变自己的工作方法和想法。把从现在起到退休前的这段时间作为充实今后人生的准备时间。对于上班族来说,这个时间段是一边能从公司拿到工资一边能为未来做准备的时间,可以说毫无压力。

那么退休后的准备具体是指哪些准备呢?一言以蔽之,掌握"再生钱"的技能。

一般情况下,国民退休后手里都会有一些存款,也有固定的年金收入,保险也开始返还。按理说国民应该很安心地享受人生,但大部分人还是会因为担心关键时刻钱不够而不敢消费。导致这一现象的根本原因就是国民担心资产变少。

因为不再是在职员工,工资和奖金也都没有了。一旦消费额超出了年金额度,就只能用存款来填补。这种一旦减少就没办法增加的资产现状,对于常年靠工薪生活的日本人来说是一种莫大的恐惧。不过，若是即使年龄增大自己依然有赚钱的能力，这种恐惧自然就没有了。

当然，赚钱的技能不是一朝一夕就能够习得的。要想拥有无论何时都能自己赚钱的自信，起码需要 20 多年的时间。

若是从退休后的 60 岁开始学习如何赚钱，等到学会了就 80 岁了。到那时，好不容易能享受人生了，却没剩下多少时间了。若是从 50 岁开始学习，就要比 40 岁的人付出双倍的努力，想在 60 岁之前掌握赚钱技能也是十分紧张的。

当然，若是 30 岁的时候就对自己在公司未来的发展失去信心，放弃在公司内的学习和磨炼，选择在公司外锻炼，也不是坏事。反正 30 岁的时候还有大把的时间，有很多的选择。而且，在公司外习得的技能经验和积累的人脉，或许还能应用到当下的工作中。这样一来，再次回归公司竞争社长也有一定的优势。

上班族在公司外赚钱的方法

由于工作是获得收入的唯一途径，所以一旦退休，唯一的收入来源就断了，国民唯一的选择就是尽可能不花钱。

但是对于那些已习得赚钱技能的人来说，手里的钱花出去了还能再赚。所以，这些人即便退休了，对于花钱也不会有很大的抵触心理。显然，这部分人才能真正享受人生。

上班族在公司外赚钱并没有想象中那么难。利用周末和业余时间，自己发展一点小的事业也可。最近越来越多的企业允许员工经营副业。若公司不允许，员工可以用家人的名义经营。

这里需要注意的一点是，切勿辞职去创业。虽然很多人认为要想成就一番事业就必须辞职后背水一战，否则很难成功。这种想法也不是不能理解，但是辞职后每天的生活开支就成了问题。因此，一边上班，一边没有后顾之忧地发展副业才是最佳选择。

提到上班族的副业，大多数人会立刻想到投资买公寓或是经营公寓。然而，这些事业都需要原始资金，都需要向金融机构贷款才能启动。若是事业能够成功还好，但若是发展不顺，需要偿还的债务将会更重，因为发展副业而冒这样的风险显然是不明智的。所以，依靠已有资产来赚钱才是最佳途径。

在职时最重要的是积累赚钱的经验。所以，在职人员不要急于求成，而是要从小事开始积累，在不断的尝试和失败中积累经验，逐渐习得赚钱的技能。

近年来，闲置经济逐渐兴起。如果认真看一下周围就会发现，有相当一部分的资源都处于闲置状态。

例如，每逢周末，游乐场里摩天轮下面排满了人，但工作日的时候，10个吊舱里大约只有三个舱里有人。类似这种现象十分常见。所以，在工作日的时候，游乐场工作人员可以通过LINE等软件向附近的人推送消息，告诉大家平时需700日元才能乘坐的摩天轮，在工作日只需200日元。虽然只有200日元，但也总比没有收入强。而且，由于是针对附近人推送的消息，也不用担心周末恢复正常价格而引起混乱。这就是闲置经济的基本模式。

个人可以向这些闲置设备的管理者提议这种经济模式，如果管理者采用了这种经营方法，且能比之前增加盈利，作为提议者若能分得一半的利润，这也算是建立了自己的事业。可以说，想法就是商机（关于这一概念的详细介绍，请参照我的另外一本书《利用闲置经济赚钱！闲置资源是一座宝山》）。

通过发展民宿赚钱

日本的老年人当中有一些人是在年轻时就已经建好了够三

代人居住的住宅，如今他们的双亲都已离世，子女也都结婚了，只剩下夫妇二人生活，显然住宅里的很多房间都处于闲置状态。从闲置经济的观点来看，这是绝佳的商机。

我自己家里就有几间闲置房屋，我认为将闲置房屋改成民宿租给游客是一个不错的商机。家里有闲置房屋但自己却没有经营方面的经验也没关系，把房屋信息放在爱彼迎以及中国游客常用的自在客、途家等民宿预订网站上即可。

住在美国旧金山的布莱恩·切斯基和乔·杰比亚为了赚房租钱，在自己所租房子的客厅里放了三人用的床垫，用以招募留宿的客人，同时提供简单的早餐。因为价格比酒店便宜，所以许多参加国际会议的人因为想节省住宿费而选择住在这里。

看到商机的两人拉入了精通信息技术的内森·布莱卡斯亚克，三人于2008年成立了爱彼迎网站，专门为游客提供空闲房屋信息。

网站成立后发展十分迅速，截至2017年2月底，在爱彼迎上注册信息的房间超过300万间（全球最大的连锁酒店万豪国际酒店的注册房间数约 120 万间），涵盖世界 191 个国家。此外，据该公司 2016 年 11 月公开的数据显示，访日的外国游客中，在爱彼迎上预订房间的人数在 2015 年达到了 130 万人，2016 年突破了 300 万人。

房东可以免费登录网站，将房屋的信息与图片发布在网站上。租客则必须通过实名认证，利用邮箱、驾照等有效证件信息登录网站。租期结束后，房东和租客都在网站上填写评价，以此来保证双方信用。

房东需将住宿费的 3% 支付给爱彼迎，租客需缴纳 6%～12% 的手续费给爱彼迎，这就是爱彼迎的盈利模式。

近年来，中国大陆以及中国台湾的访日游客逐渐增多，东京和大阪的酒店和旅馆一直处于供不应求的状态。所以，地处这些繁华地带的住宅完全可以用来发展民宿，得天独厚的地理位置再加上妥善的经营，肯定会有十分可观的收入。

我的一位友人就是靠发展民宿赚了很多钱。泡沫经济时期，他在箱根汤本⊖附近买了一个带温泉的 3LDK⊜别墅，他经常抱怨说每年自己真正使用的时间也没有几天，但是还要缴纳很多

⊖ 箱根汤本，位于箱根町东部早川与须云川汇流点的温泉地，属普通泉、弱食盐泉，是箱根温泉中最古老的温泉。——译者注

⊜ 3LDK，"LDK"是指客厅（living room）、餐厅（dining room）和厨房（kitchen）所构成的一体空间。餐厅和厨房为一体的被称作"DK"；有三间居室并加上"LDK"的房屋户型就被称作"3LDK"。——译者注

维护费和固定资产税。

后来他无意中知道了爱彼迎这个网站，于是就将房屋信息放在了网站上，紧接着，外国游客的预约信息就蜂拥而至。如今这位友人靠发展民宿每月能有90万日元的收入，即使扣除需要付给保洁阿姨的30万日元，自己也还有60万日元的收入，而且还不需要投入资金。虽然友人已经退休，过上了依靠年金度日的生活，但是每月的收入可能比在职人员还要高。

所以，日本的三代人居住的住宅也可以借鉴这种模式，发展民宿服务。例如，夫妇二人分工，丈夫负责组装家具，妻子负责管理钥匙和收拾房间，所获房租对半分。这样一来，妻子不但有了自己赚钱的真实感受，还能够和丈夫地位平等，生活也有了动力。而且，若是父母在餐桌上谈论起生意相关的话题，子女也会耳濡目染，从小培养了他们做生意的头脑。这样一来，孩子在家里就能习得将来谋生的能力。

还有一些家庭虽然没有闲置房间，但丈夫在外工作，只有周末才回家。这些家庭的车库在工作日基本上都是闲置的，那么这些家庭就可以在 Akippa[⊖]的网站上注册信息，在周一至周五工作日期间将自家的车库租借给外面的人。这样妻子一人也能够忙得过来。

也许有人认为自己并没有可以带来收益的闲置空间，事实上并非如此。仔细看观察身边的东西，肯定能够找到一些被闲置的资源，这些资源都能够变成钱。

例如，若是自己周围有供三代人居住的住宅，但里面只住着一对夫妇的话，建议大家不妨前去拜访并提议："因为我想做民宿生意，想借用一下您的闲置房间。所有需要干的活儿都由我这边来做，赚到的钱对半分。"对于房东来说，之前不知如何利用的房间，如今自己什么也不用做就能够每月有收入，这也是一件好事。

在轻井泽、伊豆高原、热海一带有很多闲置多年的老别墅，大家可以去借用那里的空房，然后在爱彼迎上发布信息。但是，对于那些常年闲置的别墅，里面的上下水处都需要进行检查和修理。如果检修这些设备需要花费 600 万日元以上的话，最好去银行贷款。

对于这种情况，个人可以利用银行的资产抵押债券。关于这一点我在第 2 章已经提到过。例如，个人在爱彼迎网站上能

⊖ Akippa，日本共享停车场的网站。——译者注

够估算出房屋的未来预期收入，用这些预期收入作为抵押就能够贷款。这样一来，相当于将预期收入以抵押的形式存放在银行里，等到房租收入到账后，银行扣除需要偿还给银行的那笔金额，剩余资金就是自己赚的钱了，然后再扣除付给房东的租金就是自己的净收益。

提到房地产生意，以往大家想到的都是首先要买建筑材料、建房这种模式，这种一开始就要负债2000万日元或3000万日元的投资，对于一般的上班族来说风险很大。

而闲置经济的话，即使没有原始资金也能够启动，而且还能保障未来的现金流，根本无须负债。所以，只要有想法就一定能赚到钱。

在公司外学习赚钱的技能，在公司内也会受益

还有一些上班族利用节假日在社会上做咨询服务，他们通常会自己开设咨询公司，让家人来做法人代表。例如，日本有很多旅馆或酒店苦于

经营，这些工薪阶层住到这样的酒店就会思考如何提高营业额，之后将自己的想法整理成一份策划方案。

日本旅馆的服务基本上都大同小异，没有什么新意，对此，这些上班族可以提出一些不同的想法。例如，晚饭加入2000日元的酒水自助，增加SPA设备。就像前文提到的摩天轮的价格调整一样，将平时需1.2万日元一小时的自助餐，在客人少的深夜或早晨改为2000日元一小时，这样一天24小时旅馆都能利用起来。如果上班族的这些方案能让营业额得到提高，自己就可以收取一半的利润作为咨询费。

从旅馆方面来说，如果采纳了这些方案后营业额仍没有增长，则不需要支付任何费用。总之，只要营业额有增长，提供方案的上班族就能有一半的收入。这对于双方都是互惠共赢的事。

最近，越来越多的企业允许员工经营副业或兼职。如果有幸在这样的公司工作，那么给自己所在的公司做咨询服务也不错。事实上公司里有很多闲置资源，如不常使用的机器、咖啡机、打印机等，将这些闲置资源整合并高效利用，就可以为公司节省一部分经费。类似的想法都可以作为咨询方案提交给公司高层。

如果公司的法人代表是自己的亲属，这些咨询服务可以在自己所在的公司里开展；如果没有亲属在公司，不便开展咨询服务，也可以给相关公司或客户做咨询服务。如果从40多岁就开始做咨询服务，而且能取得一些成绩，那么到快退休时就可能收到一些类似"某某先生，来我们公司工作吧"的邀请。如果给出的条件符合期望，在这样的公司工作一段时间也是不错的选择。

发展副业要从40岁左右就着手准备，这一点十分重要。40多岁的时候头脑、腿脚还算灵活，还可以拼一拼，而且自己熟练操作的Excel、PPT等办公软件也能派上用场。

每逢周末就思考能发展什么副业，并且尝试去做，经过20年的不断尝试与失败，到退休时基本上就能掌握赚钱的技能。这样即使退休了也不用担心钱的问题。只有这些人才能毫无顾虑地消费，过上充实幸福的老年生活。

边工作边发展副业还有很多好处。由于发展副业会比别人多做很多事情，所以见识会更多，和别人交流也会有更多的话题，对自己的本职工作也会有帮助。这样一来，个人在公司的影响力就会增强，再加上有工资外的收入，经济方面也会更加宽裕。经济上宽裕了，也就能多请自己的下属吃饭，比起那些每次都要AA制的上司，自然会收获更好的人际关系。这样看来，上班族在公司外经营副业岂止是一举两得的好事，简直是一举三得甚至四得。

在这样一个利息几乎为零的时代，老老实实地攒钱，资产并不会增多。钱是赚出来的，不是攒出来的，所有的上班族都要明白这一点。

想做的事情现在就去做，不要等到退休后

日本的商务人士几乎每天都被工作追赶着，体力也逐渐衰退，稍微可以休息的时候就是加班后在回家途中到居酒屋和同事喝一杯酒，或者是到了休息日和衣而睡的时候。虽然他们嘴上不说，但心里应该都想着，"退休后就能过悠闲自在的生活了，现在先忍忍"。

然而，在日本几乎没有一个老年人能真正享受那种"每天都是周日"的生活。这又是为什么呢？

退休人员有大把的时间，除了存款还有年金，所以无论是时间方面还是钱方面都很宽裕。但是，他们做的事情都是一些既不需要花钱也不用耗费精力、单纯消磨时间的事情。例如，

带着爱犬在公园散步,在阳台养几盆兰花,整天在图书馆看报纸等。

这些老年人还算积极的,还有不少老年人整天坐在电视机前消磨时光。我想年轻人应该不会羡慕这样的生活吧。

日本老年人之所以过着如此单调的生活,是因为担心关键时刻钱不够,这一点前文已经提到多次。明明想着退休后"去海外的度假胜地旅游,也体验一下高级酒店"或者"去环游爱琴海",但等到真正退休了,他们还是会选择去国内的温泉旅馆。

更可悲的是日本的年轻人。因为对老年生活感到不安,他们从30岁开始就拼命存钱,不买房买车,也不想结婚,过着无欲无求的低欲望生活。这样一群人等到退休后,即使有时间也不会有特别想做的事。然而,没有想做的事,单纯追求长寿的人生真的有意义吗?

有想做的事就应该马上去做,这是我一直以来都坚持的一个原则。但在日本,大多数人都将想做的事留到以后,都想着等退休后再好好享受人生。

工作的时候拼尽全力，退休后尽情地享受余生，这样才是正常的状态。如果真能这样度过一生，那么人生也算是"收支平衡"了。但是，在这方面言行一致的人我还真没见过。即便那些事业上取得了成功，看起来经济毫无压力的人也没有做到。

例如，在大型企业担任了多年社长的K先生，每当公事缠身时就会说："我的梦想是退休后回到乡下，每天在濑户内海钓鱼。"退休后他也如愿以偿地带着夫人搬到了乡下。

一次偶然的机会，我遇到了K先生，便问他："您回去钓鱼还开心吗？"K先生却回答道："不，我现在不钓鱼了。"我认真端详了一下K先生的脸，发现他的精神头显然没有当公司社长时好。

K先生说："每天钓来的鱼特别多，夫妇两人根本吃不完。在东京的话，钓来的鱼还能分给朋友们，但如今在乡下也没有什么朋友。我也想过把钓到的鱼拿去卖，但想想周围都是专业捕鱼的渔民，我们这种外行人钓的鱼肯定没有人买，所以后来就干脆放弃了。现在也没有其他的事可做。"

越来越多的人开始羡慕晴耕雨读的生活，特别是那些忙得不可开交的企业管理者。像K先生这样退休后就搬到乡下去生活的人也不在少数。事实上这种晴耕雨读的日子对于这些人来说可能过三天就厌倦了，他们早已习惯了快节奏的都市生活，乡村生活根本不适合他们。

如今很多当上社长的人基本上都会想着等到退休后每天都打高尔夫球，但等到真正退休后，他们就会意识到，每天都打高尔夫是不可能的。这可能是因为没有熟识的友人一起陪打。但是即便有同样退休的社长朋友们一起陪打，因为球友总是同一拨人也会让人觉得无聊，最终大多数人也都坚持不下去。

还有一些人是想退休后和夫人一起到国外旅游。事实上他们所谓的出国旅游不过是半年参加一次旅行社组织的老年团而已，之后就是整天整理旅行的照片和视频。

我认为以上这些都不是理想中的老年生活。

如何度过四五十岁将决定老年生活充实与否

像上文中这些无须担心关键时刻钱不够的老年人，事实上他们的老年生活也很乏味。即使政府呼吁老年人去花钱享受人生,他们也不会拿出钱来消费。他们会觉得"已经尝试了很多看似有趣的事,但还是觉得很无聊",所以最终还是不会花钱的。

要想享受老年生活,就要提前做准备。我认为四五十岁的时候最为关键。退休后的生活充实与否与这一段时间的生活方式密切相关。

我虽然已经70多岁了,但仍然有许多兴趣爱好,如玩越野摩托车和雪橇摩托车、潜水、滑雪、吹单簧管等。我一直觉得自己的时间不够用。

我在2015年参加了夏季环四国岛1600公里的摩托车骑行,2016年还参加了夏季环北海道2000公里的摩托车骑行。和我一起参加骑行的一位同伴比我小一轮,但每次都是他先累垮。在北海道骑行时,他对我说他的肩膀痛,拜托我中途放缓速度。于是我缓慢地前进,他跟在我后面仍显得很吃力。

我之所以现在还能骑着摩托车穿梭在日本各地,是因为年轻时就一直在玩摩托车。我的其他兴趣也一样,都是在年轻时候就一直坚持着。

有些人想在60岁退休后,去培训班考一个摩托车驾驶证,然后骑摩托出去旅游。这也不是不可以。但依我看,这时候才开始练习,到时候可能还没体会到摩托车的乐趣,人生就先结束了。

我曾教过一位 65 岁的老年人开喷射快艇。虽然他最后学会了怎么开，但好像没什么成就感，开快艇也没能成为他老年的兴趣爱好。

通常我们刚开始接触一项事情很可能会做不好，但慢慢地掌握了技巧就会觉得越来越有意思，此时这项活动就可以称为是你的兴趣了。要想在某个领域达到某种程度的成绩，就需要花费相应的时间。40 岁开始培养某个兴趣并着手练习，此时离退休还有 20 年的时间，足够练熟一项技能。如果过了 60 岁才开始练习，基本上时间都是不够用的。希望现在还没退休的上班族能意识到这一点。

将你的兴趣打造为"4 个类别 ×5 个兴趣 = 20 个兴趣"的模式

要想让漫长的老年生活过得充实，只有一个兴趣爱好是远远不够的。不管你多么喜欢高尔夫球，连续打一个月也会厌烦。那么有几个爱好比较合适呢？5个？10个？我认为都不够，最起码要有20个，而且还要把这些兴趣爱好分成四个类别。

（1）在室内自己做的事情。例如：读书、写俳句、种盆栽、玩乐器。

（2）在室内与同伴一起做的事情。例如：下棋、打牌。

（3）在室外一个人做的事情。例如：潜水、跑步、钓鱼、爬山、维护家庭菜园。

（4）在室外与同伴一起做的事情。例如：打高尔夫、踢足球、旅行、玩雪橇摩托车。

在这四个类别中，每个都培养5个兴趣。这样有20个兴趣，也就没有发呆的时间了。只要稍微感兴趣的事就要马上开始行动，否则等到退休之后就来不及了。

此外，因为共同的兴趣爱好而结识的朋友，即使退休后也不会断了联系。退休后公司之外的人脉反而会变得更重要。

日本人性格中的勤奋特质绝对不是一件坏事。我年轻时工作起来也很拼命，就连和家人吃饭的时间都没有。妻子如果抱怨，我会说"知道了，我让秘书安排一个时间"，经常惹得妻子生气。

她看到我的这种状态后对我说："你现在一直都在拼命赚钱，但事实上我们已经不需要那么多钱了，比起赚钱你应该考虑的是能为这个社会做点什么。"

听了妻子的话后,我恍然大悟。那时候我45岁。继续这样拼命工作真的好吗?我开始质疑自己的生活方式。之后的我开始不断思考自己想要什么样的人生,终于在50岁的时候我离开了麦肯锡。

之后,我创办了平成维新会,还参选东京都知事。在选举中我虽然票数不及青岛幸男的1/4,以失败告终,但由此也明白了自己并不适合走仕途,反而安心了。于是我埋头于培养企业家等教育工作,也算为社会贡献了微薄的力量。

此外,我还一直坚持着自己的兴趣爱好,如骑摩托、玩雪橇摩托等,还写了《想做的事就去做》(讲谈社)一书。

工作的时候拼命工作,到了享受生活的时候就努力享受生活,这就是我的生活方式。看到那些对未来充满不安、也不知道怎么享受生活的人,我特别想对他们说:"你的人生这样就够了吗?"

我虽然对安倍政权有很多不满,但我认为日

本这个国家并没有那么糟糕。只要国民转变生活方式和思考方式，就一定会有更加美好的人生。

如果现在的老年人能真正享受人生，下一代就不会对老年生活感到不安。因此，就算是为了让年轻人安心，老年人也应该尽情地享受人生。

如何应对恶性通货膨胀（一）

虽然日本的国债高达1300万亿日元，但只要国民有自己的债务自己偿还的心理准备，日本就不会陷入拖欠债务的窘境。

2016年，日本政府将28万亿日元的经济刺激计划写入了2016财年的补充预算案。这让人禁不住怀疑，日本难道也想退出国际货币基金组织吗？这样一来宣称日本经济陷入窘境的报告就会层出不穷。

金融市场上的人们看到这一现象就会立刻抛售日本国债，这样一来势必会导致国债暴跌，最终引起恶性通货膨胀。这都是很有可能发生的事。只要生活在日本，就要随时做好应对恶性通货膨胀的准备。

日本人的资产大部分都存在银行里，这种资产状况是很危险的，因为一旦日元贬值，资产就会变为一堆废纸。

我在麦肯锡工作时亲身经历了巴西的恶性通货膨胀。当时的巴西，年通货膨胀率曾高达1000%，可谓史无前例。然而巴西人早已习惯了这种现象。他们快速做出应对，要求公司将月付薪水改为周付。年通货膨胀率是1000%，那么月通货膨胀率就是83%。也就是说，同样一笔钱在月初和月末其价值是不一样的，月末时货币的价值还会下降，显然越早拿到工资越好。巴西人甚至要求在每周一发放工资。在当时的巴西，周一和周五的货币价值确实是不一样的，所以巴西人的这些要求也是理所当然的。

当时的巴西人，他们周一拿到薪水，当天会将拿到的本国货币兑换成美元。这样一来，即使本国货币的价值降到原来的千分之一，之前兑换的美元兑换成本国货币后会增加1000倍，所以他们并不会觉得心疼。

如果将兑换来的美元放在银行，一旦政府关闭银行，这些钱就取不出来了。所以巴西人将本国货币兑换成美元后会马上取出来，放在家里"压箱底"。阿根廷和墨西哥也都经历过恶性通货膨胀，其国民也是和巴西国民一样，提前将本国货币兑换成美元后放在家里。

当国家出现恶性通货膨胀时，政府很有可能关闭银行。这一点我们应该有心理准备。即使有 1000 万日元存在银行里，但是一旦银行关闭了就什么都没有了。

如果考虑安全性，还可以准备一份"银行结算账户"，不靠它赚取利息，只是买东西时候用，也不用担心取不出来的问题。

也有人事先就把钱存到外资银行在国内的分行，但即便是外资银行也存在关闭的可能性。阿根廷国内的外资银行就曾经全部关闭过，所以日本也不排除这种可能。

如何应对恶性通货膨胀（二）

当然，最好的方法还是"将鸡蛋放在不同的篮子里"。

一提到货币，日本国民就只会想到日元，这种固有思维是很危险的。一旦发生通货膨胀，日元就会迅速贬值。假如 1 美元可以兑换 1 万日元的话，那么通货膨胀后从美国进口的商品要比现在贵 100 倍。

因此，我们应该将手头的货币兑换成美元或欧元，甚至是其他一些经济相对比较稳定的国家的货币，如挪威、加拿大、澳大利亚等；或者也可以将货币兑换成黄金，至少比日元安全。

除此之外，抵御通货膨胀最有力的保障就是不动产。当发生通货膨胀时，贷款买了房但还有房贷的人其压力立刻就会减轻。能有一些房租收入的房子即使在通货膨胀时期也还能赚钱，而持有那些不能带来收入的房产就没什么意义了，它们只会增加一些如固定资产税之类的开支。

股票也是一种能在通货膨胀时期发挥抵御作用的资产。即使出现恶性通货膨胀，人们也要照常生活，日常的食品等生活必备的物资和服务还是不可或缺的。所以一般来讲，生产这些生活必需品的企业其股票也会上涨。

像汽车、家用电器这类商品，如果经济不景气，人们就不会想着要换新的，所以生产这些商品的企业必然会受到打击；此外，公共事业占比大的企业也会受到国家经济的直接影响。所以，考虑到通货膨胀时期的资产安全，最好不要持有这类企业的股票。

对于年轻白领或公司的中坚力量而言，最重

要的是平时就培养起自己在任何地方都能赚钱的能力。虽然企业破产、公司裁员的情况不断增多，但并不是所有企业都不再招人。所以，只要有能力就能找到新工作，薪水也会随着物价的上涨而上涨。

此外还有一种办法，那就是暂时先去日本以外的国家赚钱。我目睹过许多国家经历了恶性通货膨胀，但无论在哪个国家，受通货膨胀影响最小的永远都是那些到哪里都能赚钱的人。只要有赚钱的能力就完全不用担心恶性通货膨胀。

后　　记

2017年1月20日，唐纳德·特朗普就任美国第45任总统。特朗普将中产阶级以下的白人男性作为拉票对象，从他们的诉求出发，在竞选中承诺要"制止美国的工作机会流失国外，向进口商品征收高额关税，重建强大的美国"，他因而当选。

我认为美国民众做了一个错误的选择。美国作为一个在世界上有着重要影响力的国家，其总统是特朗普这种人，显然是很危险的。

竞选期间，特朗普宣称"如果当选总统就立即下令美国退出'跨太平洋伙伴关系协定'（TPP），拿回被中国夺走的就业机会"，因而获得广泛支持。然而中国并没有加入TPP。

在美国，大多数人都想从事与软件或信息技术行业相关的工作，制造业领域的劳动力明显缺乏，所以制造商大都会把工厂搬到发展中国家，以确保充足的劳动力。

例如，iPhone 现在就在美国境外制造。如果在美国本土制造，则需要 100 万人的劳动力。但是，美国的失业率只有 5%，可以说基本处于完全就业状态，所以美国人即使不去工厂干活也有其他的工作机会。在这种情况下，工厂如何能招到 100 万的工人呢？

特朗普还宣称要对中国进口商品征收 45% 的关税。如果真这样做了，那么美国的物价也将立刻上涨。因为美国的商品中有很大一部分来自中国，那些平时在沃尔玛超市里购物的民众将难以承受上涨的物价。

在经济政策方面，特朗普表示要将企业所得税降至 15%，减少个人所得税，废除遗产税。这些政策如果全部实施，美国的财政将无法维持。

总之，在特朗普公布的上任百日计划中，有很多让人大跌眼镜的项目。或许特朗普也想和菲律宾总统杜特尔特一样，不管提出的政策荒谬与否，先坚持一定要实施政策的态度。但在我看来，特朗普上任后很可能要逐条修正自己之前的"承诺"，最终失去民意，走上和希腊总理齐普拉斯一样的道路。这样一来，特朗普不用等到四年总统任期任满，就很可能在中途不得不交出权力。

※

　　菲律宾总统杜特尔特、土耳其总统埃尔多安、日本首相安倍晋三等，最近世界各国涌现出这样一批领导人，他们提出一些让国民听起来安心的政策，然后再剔除掉那些与自己政策主张不一致的人。很显然，特朗普也是这样的领导人。

　　有人认为特朗普的行为主张与演员出身的美国前总统罗纳德·里根很像，但在我看来则完全不一样。特朗普认为实行闭关政策美国就会变得更加强大，这种毫无根据的政策主张与里根总统是无法相提并论的。里根总统的"里根经济学"通过实行放宽或撤销通信、金融限制，大规模减税等一系列积极的财政政策，提高了国家竞争力，可以说真正实现了建设"强大美国"的目标。

　　我之所以高度评价里根总统，是因为"里根经济学"是一次伴随着痛苦的改革。要废除旧的规定，那么之前遵守这些规定的企业就会破产，从而导致大批人员失业。政治家虽然知道改革是必要的，但很多人由于担心竞选失败而不敢触碰改革。

然而，里根总统却大胆地进行了改革。当然，里根任总统期间美国出现大批失业人员，可以说里根最后是被赶下台的。但正是因为有里根总统的改革，比尔·克林顿执政后美国经济才真正做到了世界第一。

英国前首相玛格丽特·撒切尔夫人实行的改革，德国前总理格哈德·施罗德实行的改革，也都经历了同样的过程。真正受益的并非改革实行者本人，而是之后的英国前首相约翰·梅杰和德国现任总理安格拉·默克尔。

里根、撒切尔和施罗德，这些领导人都高瞻远瞩，着眼于国家的未来，抱着视死如归的决心实行改革。我认为他们才是真正的政治家和领导者。

※

那么，安倍首相有这样的决心吗？很遗憾，他没有。

安倍首相只会看那些既有钱又有选票的老年人的脸色，遇到让这些人为难的事则完全张不开嘴。

安倍首相应该正视日本财政状况，告诉那些拥有大笔存款的老年人："政府已经无法再给你们提供如此完善的服务了，日本之所以有如此庞大的债务就是因为你们这一代人。为了不给将来留下祸根，你们应该拿出一部分存款用来偿还国家债务。"但依目前情形看，安倍首相并没有要这样做的迹象，而是照常给那些富裕的老年人发放年金来讨好他们。

如果有在野党提出"政府不应该让下一代人偿还上一代人的债务"这样的反对意见,或者出现敢于挑战安倍政权的政治家,我认为年轻人一定会支持,我也会积极响应。这样一来,只重视老年人的"安倍独霸"政权一定会受到不小的冲击。然而,这样的政治家在当前形势下很难找到。

在日本,不论是老年人还是年轻人,都对未来感到不安。而事实上日本拥有1700万亿日元的个人金融资产,土地也还有很多尚未利用起来的地方。如果政府对公务员和企业人员进行重新配置,减少不必要的浪费,那么整个社会的生产率将会大大提高。因此,日本绝不是一个穷途末路的国家,它在经济领域还有很大的增长空间。

日本的发展阻碍是1300万亿日元的国债。按现在的形势,这笔债务只能由下一代来偿还,这相当于让背负国家未来的年轻人从负数开始奋斗。我坚决反对这种做法。自己这代人产生的债务就该自己偿还,不应该把债务留给下一代。

本书也介绍了很多老年人偿还国家债务的方

法。有心的老年人如果能真正实践其中的一两条,日本还清巨额债务也是指日可待的。老年人自发行动起来去偿还国家债务,这才是"美丽日本"该有的样子。

最后让我们再次大声读出这本书的主旨:

我们不要把债务留给下一代!

我们要努力享受人生,让自己能在弥留之际欣慰地说一句"此生无憾,我过得很幸福了"。

如果有余力,一定要帮国家偿还债务!

我们要共同努力,让这个美丽的国家永存下去!